GENJIN刑事弁護シリーズ⑰

挑戦する
交通事件弁護

高山俊吉・永井崇志・赤坂裕志 [編]

現代人文社

はしがき

　本書は、2008年に刊行したGENJIN刑事弁護シリーズ07『交通事故事件の弁護技術』に続く、交通事件弁護事例報告集の第2弾である。

　第1弾は、1997年に発足した自然科学者、弁護士、司法修習生、法律研究者、大学院生等からなる研究団体「交通法科学研究会」の研究会報告を中心にまとめたものであった。研究会の活動は、交通事故を自然科学的な手法により研究、解析し、裁判の客観性、合理性を高めることを目的とし、事故の実情を把握するフィールドワークを重視していた。研究会の性格を反映してテーマは広範囲に及び、弁護活動の苦闘と成果がリアルにリポートされていたことから、交通事故事件の弁護活動に広く利用された。

　しかし、この間、交通関係をめぐる法制度は大きく変わり、交通事件の弁護活動の現場にもさまざまな変化が生じてきた。そこで、「交通法科学研究会」の元事務局の間で、テーマをさらに広げて弁護活動の現場をヴィヴィッドに伝える新機軸の第2弾を世に出そうという声が出て、本書の刊行に至った。

　本書のリポートの多くは無罪を勝ち取った交通事故事件であるが、危険運転事件などの新しい分野のケースや道路交通法違反事件も含む。本書の特徴は、科学的弁護活動を徹底的に追求する姿勢である。交通事件の弁護活動はすべてが科学分析だと言っても過言ではない。その追求における執念が、検察主張との闘いに勝利する決定的な動因になる。リポートの行間には不当な公訴提起に対する怒りがにじみ、誤解を恐れず言えばドラマのような迫真性と感動がある。読者の皆さんは驚かれるかもしれないが、執筆者中に刑事弁護や交通事件を多く手がけている方はほとんどいない。弁護士歴数年という若手の方々も少なくない。

　従前は業務上過失致死傷罪（刑法211条）で規制されてきた交通事故の刑事責任の法律構造は、今世紀に入りたびたび行われた法改正で様相を一変させた。2001年には構成要件を大きく広げ重罰化を追求する危険運転致死傷罪が登場し（刑法旧208条の2）、2007年には交通事犯を通常の過失犯から取り分ける自動車運転過失致死傷罪が設けられた（同旧211条2項）。また、2013年には自動車

運転死傷行為処罰法が制定され、危険運転致死傷罪や自動車運転過失致死傷罪が新法に移った（自動車運転過失致死傷罪は過失運転致死傷罪に名称が変わった）。さらに、新法には新たな危険運転致死傷罪が追加され、危険運転罪と自動車運転罪の「中間罪」も新設された。

　一連の交通事故関連刑事法の改正と並行して道路交通法も改正され、両者を通じて交通法体系の厳罰化志向が顕著に進んだ。しかし、この間の交通事故の発生状況を見ると、死者数は1992年をピークに減少の一途をたどり（1992年は11,452人、2014年は4,113人）、負傷者数も2004年から大きく減少している（2004年は118万人、2014年は71万人）。道路交通法違反の取締り件数も1999年以降激減している。

　厳罰化の目的はどこにあるのか。また、厳罰化は交通事故の抑止にどれほどの意味を持つものか。交通環境が比較的に良好な方向に向かう中で起きている厳罰志向の流れに対しては、多方面から批判の目が向けられている（たとえば、本書座談会に参加された本庄武・一橋大学教授の「自動車事故を巡る厳罰化のスパイラル」『法学セミナー』2015年3月号特集「現代刑法改正の検証」など）。私たち弁護士としても十分留意する必要がある論点である。

　交通事故や道路交通法違反の事件に関わる弁護士にとって看過できないのは、有罪認定に走る「捜査の暴走」が現出しているのではないかという問題である。本書に登場する事例の多くに、捜査当局はこれだけの資料でどうして被告人の有罪が証明できると考えたのかという疑問が湧く。確かな証拠を揃えなくても裁判所は有罪を認定してくれるという期待があり、その期待はあまり裏切られていないのではないか。重罰志向の危険性に気づく責任はなんといってもまず裁判所にある。しかし、危険運転致死傷罪における有罪認定の頻出などに見られるとおり、裁判所はその緊張感の下にいるとはとてもいえない。

　第1次交通戦争などといわれた1970年代は、最高裁自身が交通関係の科学分析の必要性を強調し、執務資料を編纂したり鑑定事例集をまとめたりするなど裁判の現場に役立つ理論と実務の指導書を多数刊行していた。最高裁も最近はそのような姿勢を後退させたように見える。科学分析の姿勢が司法の中枢で弱まると、現場の裁判官は科学的解明の意識を低下させる。それは真実究明に向けた検察の意識を緩ませ、警察の捜査を非科学に追い込む。しかし、裁判所はその結果を

厳しく評価しない。交通事件の捜査と裁判の現場にも負のスパイラルが発生している。

　刑事弁護人の最大の悩みは、弁護活動を支えてくれる自然科学者が乏しいことである。多くの弁護士が、自身の弁護活動の参考になる科学知識がどこで得られ、どうすれば説得力のある論争が展開できるのかがわからないままでいる。その突破口をこじ開けなければ、交通弁護活動の展望は切り開けない。厳罰と非科学の激流をせき止め、逆の流れを作り出すための科学支援が喫緊の課題になっている。

　本書を常に座右に置き、刑事弁護人として闘うことを通じ、その警鐘を鳴らそう。捜査弁護であれば検察官との科学知識の論争に備えよう。公訴提起後であれば公判の立証計画を構築する着想を本書から得てほしい。公判前整理手続や期日間整理手続の中で科学立証方針を押さえ込まれないようにしよう。

　最近、交通事故事件が以前より大きく報道される傾向がある。事件に対する世間の目が以前より厳しくなっていることに加え、少子高齢化や過疎化がかつてない勢いで進み、車両を利用する高齢者や障害者が以前よりはるかに増えているという問題もある。また、長期化する構造不況の下、運輸事業等における慢性的な加重労働などの社会的要因にも社会の関心は向けられている。

　弁護活動にあたる私たちの着目点や姿勢を広く深く拡大させねばならない。事故の引き金を引いたのは運転者でも、事故の真因は別のところにあるというケースが増えている。事故現場を構造的に解明し、当該事故の法的責任は誰と誰がどのように負い合うべきものかという視点を弁護活動に反映させるのも、弁護人の責務である。それは無罪の主張にも情状の主張にもつながる。刑事弁護人のやるべきことは多く、充実した活動が私たちの前に広がっている。

　今回、登場した少なくない弁護士の皆さんが第1弾の読者だった。同様に本書の読者から羽ばたく新しい交通事件弁護士像を私たちは夢見る。本書が弁護活動のさまざまな局面で活発かつ有意義に利用されることを本書作成に関わったすべてのメンバーが強く希望している。グッドラック！

2016年3月

編者代表　高山俊吉

挑戦する交通事件弁護 ● 目次

はしがき　2

ケース❶
車が自転車に衝突したか、自転車が車に衝突したか　　　阿波弘夫　11

- Ⅰ　公訴事実 …………………………………………………………………… 11
- Ⅱ　本件事故の経緯 …………………………………………………………… 11
    - 1　被告人の主張　11
    - 2　被害者の主張　12
    - 3　被告人の逮捕・勾留　12
- Ⅲ　原審簡易裁判所の審理 …………………………………………………… 13
    - 1　検証　13
    - 2　原審簡易裁判所の判決　14
- Ⅳ　控訴審 ……………………………………………………………………… 14
    - 1　共同弁護　14
    - 2　真の事故態様探求の手法　15
    - 3　実験は理論を超える　15
    - 4　控訴審の審理経緯　17
    - 5　判決　17
- Ⅴ　控訴審判決に対する感想 ………………………………………………… 18

ケース❷
衝突地点についての検察側証拠（鑑定）を突き崩す　　　中間陽子　19

- Ⅰ　事件の概要 ………………………………………………………………… 19
- Ⅱ　本件の争点――衝突地点はどこか ……………………………………… 19
- Ⅲ　弁護活動の概略と判決に至る経緯 ……………………………………… 22
    - 1　受任　22
    - 2　複数選任　23
    - 3　鑑定依頼　24
    - 4　期日の進行と弁護活動　24
- Ⅳ　検察側鑑定の問題点と弁護側鑑定の概要 ……………………………… 27
    - 1　日野鑑定の問題点　27
    - 2　松下鑑定の概要　28
    - 3　実際の争点　29
- Ⅴ　裁判所の判断 ……………………………………………………………… 31

Ⅵ　本件を振り返って ……………………………………………………… 31

ケース❸
自覚のない視野欠損があっても結果回避可能であったといえるか
戸城杏奈／小椋和彦　33

　Ⅰ　事件の概要 …………………………………………………………… 33
　Ⅱ　弁護活動①──方針決定 …………………………………………… 34
　　1　病気の発見　34
　　2　情状弁護の方向で　35
　　3　方針転換──否認へ　35
　Ⅲ　弁護活動②──弁護側立証 ………………………………………… 36
　　1　A医師からの説明　36
　　2　A医師の尋問で明らかになったこと　36
　　3　検察側と弁護側の主張　37
　Ⅳ　一審判決 ……………………………………………………………… 37
　Ⅴ　控訴審 ………………………………………………………………… 38
　　1　控訴趣意書の内容　38
　　2　鑑定請求　39
　　3　鑑定内容　40
　　4　再鑑定請求　40
　　5　B医師に対する反対尋問　41
　　6　結審　42
　Ⅵ　控訴審判決 …………………………………………………………… 43
　Ⅶ　振り返って思うこと ………………………………………………… 43

ケース❹
被害者に傷害を負わせたのは被告人車両か
新川登茂宣　45

　Ⅰ　事件の概要 …………………………………………………………… 45
　　1　公訴事実　45
　　2　逮捕経緯　45
　Ⅱ　受任経緯と弁護の基本方針 ………………………………………… 46
　　1　受任　46
　　2　検察官請求予定証拠開示からうかがわれたこと　46
　　3　真実探求の方法と認識　48
　Ⅲ　弁護活動のポイント ………………………………………………… 48
　　1　被告人を含めた目撃者の供述分析　48
　　2　横断歩道手前を撮影する防犯カメラの分析、横断歩道先を撮影する防犯カメラの探索　51
　　3　被害者着衣の探求　54

    4　目撃者警察官運転のパトカー探索　54
    5　捜査機関が指摘する被告人車の車高に疑問　54
    6　被告人車の車底に付着した黒色薄膜物質への疑問　55
    7　検証　55
    8　現場確認　56
    9　自白の任意性と信用性　56
Ⅳ　判決 ··· 56
    1　判決の要旨　56
    2　判決に対する感想　57
    3　控訴　57
Ⅴ　弁護を終えての感想 ··· 58

ケース❺
裁判所の検証において事故状況を再現する難しさ　　彦坂幸伸　59

Ⅰ　事案の概要 ··· 59
Ⅱ　公訴事実 ··· 60
Ⅲ　過失に関する弁護側の主張 ··· 61
Ⅳ　弁護活動 ··· 62
    1　捜査段階　62
    2　弁護人による再現実験　62
    3　人間工学に基づく鑑定　63
Ⅴ　公判の経過 ··· 66
Ⅵ　検証 ··· 68
Ⅶ　判決 ··· 71
Ⅷ　おわりに ··· 73

ケース❻
被害者・目撃者の供述と「突合せ捜査」への疑問を提示　　高部道彦　75

Ⅰ　はじめに ··· 75
Ⅱ　本件公訴事実の要旨 ··· 76
Ⅲ　検察官の主張 ··· 77
    1　本件犯行車両＝被告人管理車両であること　77
    2　本件犯行車両を運転していたのが被告人であること　77
Ⅳ　目撃者供述の信用性について ··· 78
    1　判決要旨　78
    2　目撃者供述の信用性に関する取調べ警察官の証言内容要旨　79
Ⅴ　被害者供述の信用性について ··· 80

- Ⅵ 検察側鑑定に対する評価 …………………………………………………… 81
  - 1 検察官請求にかかるY鑑定の内容　82
  - 2 Y鑑定の鑑定手法に関する本判決の判示　82
  - 3 Y鑑定の鑑定結果に関する本判決の判示　83
  - 4 突合せ捜査に関するYの証人尋問の結果　84
- Ⅶ 弁護側鑑定に対する評価 …………………………………………………… 85
  - 1 K鑑定の鑑定手法・鑑定結果に関する本判決の判示　85
  - 2 T鑑定の鑑定結果に関する本判決の判示　86
- Ⅷ 最後に ………………………………………………………………………… 87

ケース❼
衝突後の信号機を確認した目撃者証言　　三浦佑哉　89

- Ⅰ 事案の概要 …………………………………………………………………… 89
  - 1 事故の概要　89
  - 2 被告人の主張　89
  - 3 被害者の主張　90
  - 4 目撃者の主張　90
- Ⅱ 公訴事実 ……………………………………………………………………… 91
- Ⅲ 弁護方針 ……………………………………………………………………… 91
  - 1 被告人主張を裏づける積極証拠の不存在　91
  - 2 衝突「後」に本件信号機を確認した目撃者　92
  - 3 変化後の赤信号表示を確認した可能性　93
- Ⅳ 証人尋問——目撃者 ………………………………………………………… 93
- Ⅴ 論告・弁論 …………………………………………………………………… 94
  - 1 論告　94
  - 2 弁論　95
- Ⅵ 判決 …………………………………………………………………………… 95
  - 1 被害者供述、被告人供述について　95
  - 2 目撃者供述が信用できるかについて　96
  - 3 目撃者供述が被害者供述の核心部分を確実に裏づけているかについて　96
  - 4 目撃者供述によって認められる事実と被告人供述が矛盾しているかについて　97
- Ⅶ おわりに ……………………………………………………………………… 98

ケース❽
世間の厳しい風に惑わされない冷静な司法判断を望む　　春山九州男　99

- Ⅰ 事件の概要 …………………………………………………………………… 99
- Ⅱ 本件の争点および判決の概要 ……………………………………………… 99

- Ⅲ 弁護活動 ··· 101
  - 1 接見　101
  - 2 走行実験　102
  - 3 飲水事実をめぐる記者会見　102
  - 4 飲水と血中濃度の関係　103
  - 5 交通工学研究者の鑑定意見　104
  - 6 車両乗り上げ実験　106
- Ⅳ 裁判の推移 ·· 106
- Ⅴ 弁護活動から得た教訓 ·· 108
  - 1 基本的な弁護活動とその先の弁護活動　108
  - 2 バッシングに対して冷静に対抗する弁護技術　108
  - 3 行政による不作為は被告人の責任を減殺させないか　109
- Ⅵ 結語 ·· 110

ケース⑨
危険運転致死傷罪と自動車運転過失致死傷罪の狭間　　森岡かおり　111

- Ⅰ 事件の概要 ·· 111
- Ⅱ 事故前の出来事 ··· 112
- Ⅲ 捜査の推移 ·· 113
- Ⅳ 公訴事実 ··· 114
- Ⅴ 争点整理①――走行速度――3つの速度鑑定 ··· 114
- Ⅵ 争点整理②――「制御困難な高速度」該当性 ··· 116
- Ⅶ 訴因変更、予備的訴因(罪名・罰条)追加 ·· 117
  - 1 主位的訴因――危険運転致死傷　117
  - 2 予備的訴因――自動車運転過失致死傷　117
- Ⅷ 争点整理③――発生機序――2人の鑑定人の追加鑑定 ······························ 118
- Ⅸ 公判前整理手続の結果 ·· 119
- Ⅹ 公判 ·· 120
- Ⅺ 判決 ·· 121
- Ⅻ 弁護活動を振り返って ·· 121
- XIII さいごに ·· 122

ケース⑩
オービス写真を用いた顔貌鑑定の推認力　　百武大介　123

- Ⅰ 事件の概要 ·· 123
- Ⅱ 本件の争点および重要ポイントの概略 ··· 123
  - 1 顔貌鑑定における各検査手法について　124

2　顔貌鑑定における鑑定主文について　125
　Ⅲ　弁護活動の概略と判決に至る経過 ………………………………………… 126
　　1　Xとの初の打合せ――オービス写真と本当に同一人物なのか？　126
　　2　検察官からの追加書証の提出　126
　　3　顔貌鑑定書の弾劾に向けて　127
　　4　自白調書の弾劾に向けて　128
　　5　オービス写真の運転席の人物の他人性立証に向けて　130
　Ⅳ　判決 ……………………………………………………………………………… 130
　Ⅴ　オービス写真の車両名義を踏まえた弁護活動について ………………… 132
　Ⅵ　おわりに ……………………………………………………………………… 133

　座談会
交通事件の弁護活動はどのように行うか　135
　　中間陽子／戸城杏奈／新川登茂宣／彦坂幸伸／百武大介／本庄武
　　　　　　　　　　　　　　高山俊吉／永井崇志／赤坂裕志

　Ⅰ　捜査側立証と切り結ぶ ………………………………………………………… 136
　　1　整理手続による証拠開示請求　136
　　2　再現実験の有効性　138
　　3　先入観を持たずに事件を見る　139
　　4　オービス写真をどう使うか　142
　Ⅱ　科学的知見の大切さ …………………………………………………………… 144
　　1　常識に照らして「おかしい」と気づくこと　144
　　2　捜査側の杜撰な証拠保全　147
　　3　鑑定人をどのように見つけるか　151
　Ⅲ　危険運転致死傷と被害者参加の危うさ ……………………………………… 154
　　1　危険運転致死傷事件の要件とは　154
　　2　被害者参加事件の難しさ　156
　Ⅳ　疾患や障害を伴う事故の責任 ………………………………………………… 158
　Ⅴ　交通事故事件に関わって ……………………………………………………… 161

学会諸団体の紹介 …………………………………………………………………… 166
文献紹介 ……………………………………………………………………………… 171

ケース❶

車が自転車に衝突したか、自転車が車に衝突したか

阿波弘夫

> 交通整理の行われていない交差点を左折進行しようとした普通貨物自動車と、左方歩道から進行してきた自転車が衝突した事案。自転車運転者の骨折傷害について、一審簡裁は論告どおり被告人の過失を認定。弁護人は力学法則と統計学上の経験値を柱に控訴審に臨み無罪へ。

I 公訴事実

　被告人は、平成18年12月17日午前9時25分頃、普通貨物自動車を運転し、交通整理の行われていない交差点を左折進行するにあたり、同交差点入口には横断歩道が設置されていたうえ、同交差点左側の歩道は建物により見通しが困難であったから、左方歩道から進行してきた同横断歩道を横断しようとする自転車の有無およびその安全を確認しつつ左折進行すべき注意義務があるのにこれを怠り、漫然と左折進行した過失により、折から同横断歩道を左方から右方に向かって横断中の被害者運転の自転車に自車前部を衝突させて、被害者を自転車もろとも路上に転倒させ、よって、加療約1カ月間を要する頭蓋骨骨折等の傷害を負わせた（**図表**参照）。

II 本件事故の経緯

1　被告人の主張

　被告人は、被告人車両を運転、助手席に成人の息子が同乗していた。T字路の脇道のほうから大通りへ左折して進行する予定で、横断歩道上でやや車体を左に向けて停止し、大通りの交通の途切れを待っていた。
　すると、女性が自転車を相当のスピードで横断歩道上を左方向から右方向に向かって横断しようとして、被告人車両前部の前方に突き出したアンダーミラーに衝突、自転車は転倒し、女性は自転車から離れて路上に仰向けに転倒した。

図表　事故現場見取図

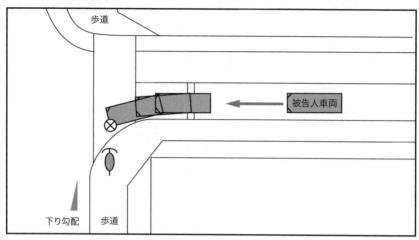

　被告人と息子はすぐに下車し、被告人は仰向けに倒れていた女性の頭部を膝に抱いて介抱した。そのとき、被害自転車は被告人車両前面に平行に立っており、被告人は不思議に思ったが、2、3分後にゆっくりと右ペダルを支点にして90度横転して停止した、被告人はその停止状態を携帯電話の写真機能で撮影した(**写真1**)。

　女性は救急車で搬送され、本件事故現場は派出所の近くであったため、息子の110番通報ですぐに警察官が現場に来た。警察官は交通を正常に戻すため被害自転車を歩道に移動させ、被告人車両も移動させ、被告人車両前部と被害自転車の停止位置をチョークで路上に記した。

2　被害者の主張

　出勤途上、下りの坂道をブレーキをかけながらゆっくりと進行していた。横断歩道をそのままノンストップで通過しようすると、突然、右から被告人車両が突っ込んできて衝突、被害者は路上に倒れて意識を失った。

3　被告人の逮捕・勾留

　被告人は、停止していた被告人車両の左側のアンダーミラーに被害自転車に乗った女性が相当のスピードで衝突してきたと主張して、業務上過失致傷を否認

写真1

事故当時、被告人が撮った写真。

したことから、本件事故日から約1年半後の平成20年7月10日に逮捕・勾留された。

被告人は宗教者であり、宗教上の理由から警察署附属の代用監獄で出される水を飲めず、そのため身柄拘束中に極度に衰弱、このままでは死に至る危険もあったことから自白し、釈放された。

Ⅲ 原審簡易裁判所の審理

被告人は自白したことから、平成20年7月18日簡易裁判所に略式命令起訴されたが、同月30日正式裁判請求し、私が国選で弁護人に就任した。

1 検証

平成22年になって、弁護人申請による検証が行われた。検証は、本件事故経緯を再現するという方法でなされ、事故痕跡との照合がされた。最終の被告人車両と被害自転車の停止状態は、被害自転車が被告人車両の前方路上に被告人車両から完全に離れて横転しているものとして再現された。

しかし、真の最終の被告人車両と被害自転車の停止状態は、被告人が携帯電

話の写真機能で撮影したもので、被告人車両前面の左フォグランプボックスに自転車の右ペダルが突っ込み、自転車は右ペダルを支点として90度転倒して、前輪が被告人車両の車底に入り込み、後輪が浮かんでいたものであった（**写真1**）。

　私は、原審の段階では、被告人の撮影したこの写真こそが本件事故態様の本質を示すものであり、この最終停止状態を力学的に精確に導きえない限り、本件事故を解明しえないということに気がついていなかった。そのため、被告人撮影写真の最終停止状態を検証で再現させることを失念してしまった。この失念が後日禍根として現実化するのである。

2　原審簡易裁判所の判決

　原審判決は有罪、その理由は論告の写しと言っても過言ではなかった。つまり、被告人車両が前進して被害自転車に衝突させたと結論し、その理由の骨子は次のとおりとした。

　①被告人車両前面の凹損は、被告人車両が前進して被害自転車のハンドルグリップエンドに直角に衝突したものと推測される、②被告人が撮った写真は、衝突時において被告人車両が前進しており、衝突により自転車を押し倒し、さらに前進して自転車を車体の下に巻き込んで停止したものと認められる、また、③この写真にみられるように、被告人車両の左フォグランプボックスに自転車の右ペダルが食い込んだのは、被告人車両が前進して直角に衝突したからである。

Ⅳ　控訴審

1　共同弁護

　私は、弁護人が証拠として提出した前記最終停止状態の写真が有罪認定の根拠とされたことに手続上の不正義を覚え、控訴した。そして、本件事故の解明には物理的知識が不可欠と痛感し、高裁での共同弁護を工学部機械系出身の新川登茂宣弁護士に要請、2人で私選にて就任することにした。

　控訴趣意書作成につき、私は判決の理由不備、審理手続の違法性、各供述の信用性の領域を専ら担当し、新川弁護士は真の事故態様を発見し、それを論証し実証する領域を専ら担当した。

2　真の事故態様探求の手法

　弁護団の真の事故態様発見手法は、事故の全痕跡、存在している痕跡も存在していないという痕跡も含めて、被告人車両上の痕跡、被害自転車上の痕跡、被害者上の痕跡、および路上の痕跡のすべての痕跡について、運動における力学法則と統計上の経験値（急制動、衝突、ベクトル解析、慣性、エネルギー保存法則、運動量保存法則、作用と反作用、摩擦係数、反発係数等）と一点の矛盾もなく整合する事故態様の発見であり、理論による論証と、その論証の正しさを実験と事故現場での観察により実証するという方法である。それゆえ、私は被告人車両を一切修理させず、事故時のままの状態に維持させていた。

　この手法は、事故につき、物的運動は原因から結果に向けての因果関係につき自然法則に従うという命題に立脚している。それゆえに、人の心という傾向性にとどまり、確実性の乏しい現象を考慮するのは最小限度にとどめることができるという利点がある。また、人の心に基づく供述を考慮するとしても、その供述を真と仮定して自然法則により導出された結果とその供述が矛盾すれば、その供述は偽とする背理法を適用することにより、不確実な供述問題を克服できるという利点がある。

3　実験は理論を超える

(1)　理論では解明できない箇所

　弁護団は、真の事故態様を探求して、理論的には、①原審による事故態様認定とその根拠とする理由を摘出し、②原審認定は事故痕跡と力学法則に矛盾することを明らかにし、③真の事故態様を明示したが、どうしても理論的に解析しえない曖昧な箇所が1点残った。

　その1点とは、前記事故の被告人車両と被害自転車の最終停止状態（**写真4**）の一歩手前、つまり、自転車の右ペダルが被告人車両前面の左フォグランプボックスに突っ込んで立っていた状態（**写真2**）から自転車の自重で右ペダルを支点として90度転倒した状態（**写真3**）へゆっくり移動した次に、最終停止状態に至る過程である。

(2)　実験方法

　弁護団はその1点の解明を求めて実験することにした。

　準備したものは、①被告人車両、②被害自転車と同一型式の自転車である。

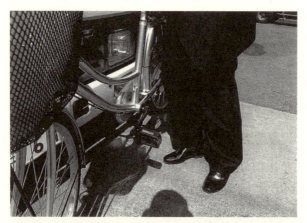

写真2

弁護団実験の手順①：自転車を両輪接地させて立たせ、右ペダルを被告人車両の左フォグランプソケットに食い込ませ、さらに右ペダルのクランクが水平状態になるまで自転車を前進させて、後輪を浮かせる。

写真3

弁護団実験の手順②：上記の立っている状態の自転車を、そのままの状態で後輪が被告人車両のバンパーに接触するように横転させる。

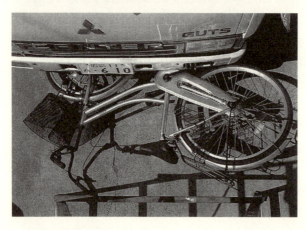

写真4

弁護団実験の結果：自転車が横転して停止した状態の上から見た全体写真。

実験方法は、私が写真撮影する中で、**写真2〜4**のとおり、新川弁護士が自転車の自重で右ペダルを支点として90度転倒して横倒しになった自転車の状態を手で維持し、次にその手を外す。すると、横倒しになった自転車は、その自重により自然停止までの間にどのような運動するかを観察することである。

(3)　実験の結果

　写真3から**写真4**への自転車の運動は、弁護団の予測をはるかに超えたものであった。**写真3**の状態の横倒しになった自転車の後輪が、被告人車両のフロントバンパーに圧着したまま、自転車の自重で歯車のように右回転し、その後輪の右回転に伴って、左フォグランプボックスに突っ込んだ右ペダルを固定中心点として横倒しになった自転車全体が路面に対して水平右回転し、よって横倒しになった自転車前輪が被告人車両の車底に滑り込み、**写真4**の状態で自然停止したのである。

　弁護団は予測を超えた自転車の複雑な運動に驚き、天を仰いだ。何度も実験を繰り返したが、結果は同じであった。

　この時点で、弁護団は真の事故態様を発見した、原審の事実誤認を暴露しえたと確信した。

4　控訴審の審理経緯

　弁護団は、控訴趣意書にて、衝突前の状態から、衝突態様、衝突後の経緯を論証するとともに、その論証が正しいことの実証が可能であるとして検証の申立てをした。

　しかし、高裁は、平成23年6月9日、第1回公判で弁護人からの検証申立てを却下、直ちに結審し、判決言渡日を決定した。

　私は無罪になると予想したが、新川弁護士は大変慌てた。その理由は、前記確信を証拠化しえなかったら、原審と証拠関係はまったく同じである。それゆえ、原審と同じ事実認定、つまり控訴棄却の判決が強く予想されたからとのことであった。

　そこで、新川弁護士は、上告への道を確保するために、高裁に対して検証却下に対する異議の申立てを調書に明記するように抗議口調で強く求めた。

5　判決

　平成23年9月15日、高裁の判決の主文は、原判決を破棄する、被告人は無罪

であった。

　新川弁護士は、前記予想に反した主文に、呆然としていた。

　高裁判決の理由は弁護団が主張するとおりであった。つまり、「被告人車が本件横断歩道上に停止しており、その停止していた被告人車に被害者運転の自転車が衝突したとの合理的な疑いを払拭することはできない」、また、「被害者において、衝突の事態を避けられたのではないかとの疑いを払拭することができない」として、原判決には事実誤認があり、弁護団の事実誤認をいう論旨には理由があるとしたものである。

V　控訴審判決に対する感想

　高裁としては、検証を採用しさえすれば、弁護団が力学理論によって論証したことの正しさが実証され、安心して無罪判決をなしえたはずである。

　しかるに、高裁が、検証申立てを却下し、原審での証拠のみでなぜ無罪にしたのか、これに対する回答は、弁護団が力学理論によって推論して論証したことの正しさは検証による実証を待つまでもなかったということにならざるをえない。

　確かに表面的にはそうであるが、弁護団としては、前記**写真3**から**写真4**への運動過程を再現しえたことで、理論では予測しえなかった点の運動の解析が可能になったからこそ、説得力のある論証をなしえたとの思いである。つまり、真実を証明するには、論証という方法と、その論証が正しいことを実証するという方法の双方が必要であり、この証明方法は科学上の証明方法と何ら異なるものがないのである。

　遡って、法廷での事実認定は、時間と証拠が制限されており、科学上の証明までの精確な証明を期待しえないとしても、その期待しえないことに乗じて、科学上の証明を無視して供述に依存する傾向があると感じるのは弁護士だけであろうか。

(あわ・ひろお／広島弁護士会)

ケース❷

衝突地点についての
検察側証拠（鑑定）を突き崩す

中間陽子

> 対向車線にはみ出した被告人車（トレーラー）と対向車（普通車）との正面衝突事故について、弁護側鑑定意見による現場痕跡などの解明により、立証の柱であった衝突地点に関する検察側鑑定意見の杜撰さが明らかとなり、無罪が言い渡された事件（一審確定）。

I 事件の概要

　本件は、平成18年2月3日午前5時30分頃、被告人（以下、「X」という）が、トラクタ（重量8370キログラム）にトレーラ（重量6320キログラム）が連結されたもの（以下、「X車両」という）を時速約50キロメートル（現場の最高速度は時速40キロメートル）で進行し、対向車線に進出させた過失により、折から対向進行してきた被害者（以下、「Y」という）運転の普通貨物自動車（重量840キログラム。以下、「Y車両」という）を直前に認め、急制動をかけたが間に合わず、同車右前部に自車前部を衝突させて川に転落させ、Y氏を頭蓋骨底骨折等により死亡させた、として起訴された事案である。事故発生が平成19年の法改正前であったために、起訴罪名は業務上過失致死であった。

II 本件の争点――衝突地点はどこか

　事故現場はセンターラインのある片側1車線の道路で、検察官は、X氏が適切なハンドル・ブレーキ操作を行わず、X車両をセンターラインを越えて対向車線（以下、「Y側車線」という）に進出させたことが事故原因であると主張した。
　これに対しX氏は、事故発生直後から一貫して、Y車両が先にセンターラインを越えてX氏の走行車線（以下、「X側車線」という）にはみ出してきたので、これを避けようと右にハンドルを切ったところ、回避できずに衝突したと主張していた。そこで、X氏の過失の有無を判断するにあたり、両車両の衝突状況が問題となっ

た。

　この点について、検察官は、日野正治氏および山崎俊一氏の2人の鑑定人の鑑定（以下、それぞれ「日野鑑定」「山崎鑑定」という）に基づき、衝突地点は事故現場図（**図表1**）の**g**付近であり、衝突時の状況は**図表1**のとおり、その後の車両の挙動は**図表2**のとおりであると主張した。この両鑑定によれば、X車両がY側車線に進出したために本件事故が発生したことになり、X氏供述とは矛盾する。

　これに対し、弁護側の専門家証人である松下智康氏の鑑定（以下「松下鑑定」という）は、衝突地点は、タイヤ痕**ef**のほぼ中央より北東側へ約1メートルの地点であるとし、両車両の（1次）衝突状況は**図表3**のとおりであるとした。さらに（1次）衝突後、Y車両はX車両に押し戻されながらガードレールに2次衝突をしたとした。この松下鑑定によれば、X氏が危険を感じた地点において、X氏はX側車線内を走行していたことになり、X氏の供述する事故状況とほぼ一致する。

　こうして、本件での争点は、衝突地点が検察官の主張する**g**付近か否かという点に絞られていった。

　なお、**図表1**のとおり、本件道路上には多数の痕跡等が残されていた。実況見分調書と日野鑑定書より争いがない事実を要約して説明すると下記のとおりとなる。

ab　ダブルのタイヤ痕。右にやや湾曲した直線状の痕跡2本、中央線上では比較的鮮明に印象され、縦方向の筋模様が形成されている

cd　ダブルのタイヤ痕。長手方向に線状に2本印象

ef　タイヤ痕。右に湾曲、中央線からY側車線にかけて鮮明に印象、痕跡中央の長手方向に1本の白抜きされた部分が形成されており、X車両のタイヤ幅よりも印象幅が狭い

gh　ガウジ痕（走行車両の金属部品等で、車道の舗装の材質が削りとられた金属痕跡）

ij　ガウジ痕。2本の痕跡で構成

k　タイヤ痕。外側線上に印象

l　タイヤ痕。外側線上に印象、長手方向に数条の白抜きされた部分が形成、同痕跡の脇の草地には轍が形成

m　タイヤ痕。外側線上に印象、長手方向に対してわずかに斜交

図表1　事故現場見取図

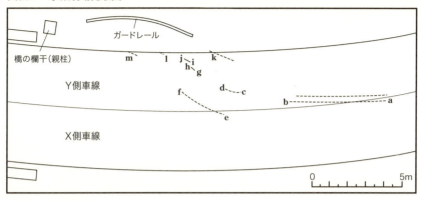

図表2　検察側鑑定に基づく衝突時の状況

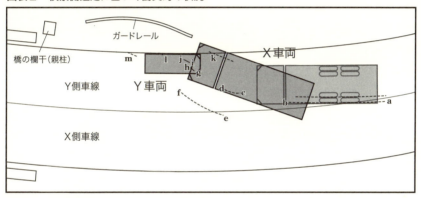

図表3　弁護側鑑定に基づく衝突時の状況

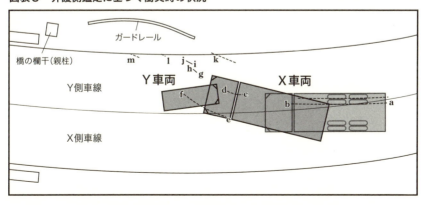

Ⅲ 弁護活動の概略と判決に至る経緯

1 受任

　本件は、平成23年1月18日、期日待機の被告人国選事件として配点された。当時、私は弁護士登録からようやく1年が過ぎた頃で、刑事事件の配点を受け始めてから半年になろうとするところであった。在宅の交通事故事案なのに、なぜ罪名が自動車運転過失致死でなく業務上過失致死なのか、なぜ弁護人選任までに起訴から1カ月以上も経過しているのか、不吉な予感しかしなかった。

　X氏と連絡をとってみれば、案の定というか、私にとって初めての否認事件であることが判明した。最初にX氏と電話で話した際、相手の車両がセンターラインをオーバーしてきたから右にハンドルを切ったという主張を聞いて、通常、避けるならハンドルは左に切るのではないか、厳しい主張だなと思ったのを覚えている。

　ところが、実際にX氏と会って話を聞くうちに、大型貨物自動車の場合、空間に余裕のない左にハンドルを切ることはかえって危険だということを知った。さらに、証拠を謄写して出てきた検察側の2つの鑑定書は、素人目にも必要な検討を行っていない、説得力に欠けるものであった。

　本件について、2つの鑑定書がある理由は以下のとおりである。

　X氏は、当初、衝突地点についてX側車線内を指示していたが、日野鑑定は、ガウジ痕がある**g**付近を衝突地点であるとした。その後、日野鑑定の結果を告げられたX氏が、衝突地点はY側車線かもしれないと述べたため、この新たな供述を検討するため、山崎鑑定が行われた。山崎鑑定は、日野鑑定をもとに、X氏の実況見分での現場供述（Y氏の車両を発見した地点、ハンドルを切った地点、衝突地点等）をそのまま用い、X氏の指示した地点でハンドルを操作しても**g**付近で衝突はしないと結論づけた。なお、山崎氏は平成19年5月21日に嘱託を受けたにもかかわらず、これを放置し、鑑定書が作成されたのは3年以上が経過した平成22年7月30日のことであった。本件の起訴が大きく遅れた原因はここにある。

　私は、法学部出身で工学的素養はまったくないが、それでも**図表2**の元となる日野鑑定書添付の衝突図を見たときに強い違和感を覚えた。Y車両には、左後輪上部に斜めに押し込まれ、床面に沿った三角形の面と形成する損傷があった。左にハンドルを切ってX車両およびガードレールと衝突したはずのY車両が、左後部から斜めに押し込まれて潰れているのはなぜなのか、いくら考えてもY車両

の破損状況と**図表2**の衝突状況は一致しないように見えた。

　とはいえ、単なる違和感では有効な反論もできず、事故から5年近くも経過しているため現場も証拠も保全されていない。X氏については、警察の誘導に従っていろいろと供述していたものの、再度確認してみると、事故後は自分も気を失っており、事故前後の出来事については、相手がセンターラインをオーバーしてハンドルを切ったという事実以外、ほぼ何も覚えていないとのことであった。X氏に鑑定を依頼する資力はなく、法テラスに相談しても鑑定費用は出せないと言われ、途方に暮れた。

　先が見えないまま第1回公判を迎え、法廷に行くと、本件はY氏の妻が被害者参加をしていたこともあり、傍聴席はY氏の遺族とその関係者で埋め尽くされていた。遺族らは、事故直後は、X氏の言い分どおり、Y氏のセンターラインオーバーが事故の原因だと思っていたところ、鑑定の結果が逆であったために、X氏に対する怒りは凄まじく、時間が経過した分だけ感情がこじれており、法廷は異様な雰囲気であった。

　証拠意見は悩みに悩んだ末、実況見分調書の交通事故現場見取図、指示説明、乙号証の現場指示に該当する部分、遺族の調書の一部を不同意にし、2つの鑑定書については留保し、それ以外は同意した。

2　複数選任

　第1回公判終了後、1人では到底手に負えないと思い、当時所属していた事務所の先輩である吉川尚志弁護士に内諾をとりつけ、弁護士会の刑事弁護センターに複数選任の申入れをした。

　ところが、刑弁センターの回答は、この事案で複数選任の推薦は難しいというものであった。鑑定ができないなら、せめて現場の視認状況の確認でもと考えていたが、1人ではそれもままならない。なによりもあの法廷に1人で立たなければならないのか、と胃が痛くなる思いで数日を過ごした。

　結局、担当裁判官があっさりと複数選任を認める意向を示してくれたために、無事に弁護士会の推薦をもらい、吉川弁護士が選任された。あのときのほっとした気持ちは忘れられない。

　千葉は、裁判員対象事件が多く、複数選任事件の多くは裁判員対象事件である。しかし、冤罪を防ぐためには、罪名にこだわることなく、否認事件について弁護人

が望んだ場合、原則複数選任にしてもらいたいと切に願う。

3 鑑定依頼

　日野鑑定および山崎鑑定の衝突地点特定の要は、後述のとおり2つのガウジ痕であった。そこから、吉川弁護士と2人で、ガウジ痕がからんだ裁判例や交通事故や自動車に関する文献を漁る日々が始まった。

　車同士が衝突しても、衝突地点にガウジ痕が印象されるとは限らないし、そのような例はいくつか見つかった。しかし、その逆、すなわち車同士の衝突以外の原因でガウジ痕が印象された例は見つからなかった。あるとき、吉川弁護士が、このガウジ痕は、Y車両がガードレールに衝突したときに印象されたのではないかという可能性を思いついた。要するに、本件では、ガウジ痕が印象される可能性のある大きな衝突が2度あったのではないかということである（松下鑑定は、まさにこのとき吉川弁護士が思いついたのと同内容のもので、最初に松下先生から鑑定の概要をいただいたときの吉川弁護士は得意気であった）。吉川弁護士の仮説を聞いてなるほどと思ったが、やはり専門家の意見がないとどうにもならない。

　ところで、本件は、先行して民事訴訟が係属しており、刑事事件の結果を待つということで責任論で止まっていた。第1回公判後、この民事訴訟の代理人弁護士を通じて、事故当時のX氏の勤務先であった会社の加入する保険会社が鑑定費用を負担する形で松下先生に鑑定を依頼できることになった。このとき本件でようやく一条の光が見えた。仮に松下鑑定がなかったとしたら、本件は確実に有罪の判決が下されていたはずである。

　鑑定が問題となる交通事故事案において、弁護側が独自に専門家の意見を聞くことができないということは、防御の手段を奪われているに等しい。国は、国選弁護人を選任するだけでなく、実効的な弁護活動を行うための最低限の手段についても保障してほしいと思う。

4 期日の進行と弁護活動

　本件については、期日の進行や証拠の採否について、裁判所内外で何度も打合せを行った。後になって期日間整理手続に付してもらうべきであったと後悔したが、裁判所も検察官も弁護人もこの新しい手続にまだあまり馴染みがなく、弁護人としても検察側に開示を求めたい証拠もとくに思いつかなかったことから、申

立てをしなかった。

　裁判官は当初から、本件は客観的な証拠によって決すべき事件で、鑑定同士の戦いだと捉えていることを明らかにしていたと思う。

　当時すでに弁護側で鑑定が行える見通しが立っていたか記憶が定かではないが、先に実況見分調書を作成した警察官2名の尋問を行った（実況見分調書も鑑定と同じく2通作成されていた）。反対尋問では、被告人が指示説明をしたという地点を特定した経緯を確認し、X氏が当初よく覚えていないと言っていたにもかかわらず、警察官の誘導によって実況見分調書が作成された状況を明らかにした。

　警察官の尋問後に、裁判所の要望で被告人質問を実施した。結果は惨憺たるもので、「はい」と言うべき質問に「いいえ」と答え、覚えていることと覚えていないことが逆になってしまうような状態であったが、裁判官はあまり気にとめていない様子であった。警察官の尋問を受けて、X氏自身からも、事故の前後についての記憶が曖昧であることを確認し、鑑定内容の検討に絞りたかったようである。

　鑑定人らの尋問に先立ち、裁判所から弁護人および検察官に対し、証人尋問前に読み込んで理解しておきたいので、お互いの鑑定書（意見書）に同意してほしいと要望があった。実際のところ、事前に鑑定書にまったく目を通さないまま、当日いきなり尋問を聞いて理解することは不可能であるため、双方とも同意した。鑑定人らの尋問は、3人を丸一日かけて、日野主尋問→山崎主尋問→松下主尋問→日野反対尋問→山崎反対尋問→松下反対尋問の順で行った（再主尋問はそれぞれの反対尋問の後に行ったと思う）。午前10時に始まり、すべてが終了したのは午後7時であった。裁判員裁判では到底できない尋問方式であるが、鑑定人意見の対立点を浮かび上がらせて比較するには、非常に有効な順序であった。

　尋問終了後、裁判官から、ガウジ痕とタイヤ痕について、資料や文献を提出してもらいたいと要望があった。典型的な事例や原則について書かれている文献はあるが、本件のような事故時の特殊な状況について取り扱った文献はなく、結局、検察官と相談して、信用性に争いのない文献について、それぞれ必要と思われるところを提出した。

　後述するとおり、ガウジ痕については、松下先生の証人尋問でほぼ説明ができたと感じていたものの、裁判官が最後に引っかかっていた点が、タイヤ痕efの存在であった。この点について立証するため、弁護側の主張に合致するタイヤ痕がないか、常に路面のタイヤ痕を確認する習慣がついてしまった。その甲斐あって、

吉川弁護士が事務所近くの交差点で、まさに望みどおりのタイヤ痕を発見した。タイヤ痕の写真を添付して報告書にまとめたものの、検察官が同意しなかったため、写真を物として提出し採用された。
　本件は、裁判官も検察官も異動が予定されており、裁判所からはなんとしても年度内に判決を出すべく協力をしてほしいと告げられていた。11月の半ばには証人尋問調書もできあがっており、あとは文献の提出と被告人質問、被害者の意見陳述を残すのみであったから、年度内に余裕をもって判決日まで入れられる見通しであった。
　ところが、ここまできて突然、検察官が再度山崎氏を証人申請したいと言い出した。しかも新たな事実の立証のためではなく、同じ争点についてということであった。当然、弁護人は却下すべきとの意見を述べたが、裁判官はためらった。おそらく検察官控訴を見越してのことだと理解はしたが、弁護人の請求であれば間違いなく即時に却下されたであろうことを考えると、不公平さを感じる。
　裁判官もさすがに証人採用はないと思ったらしく、もう一度、検察官に山崎氏の追加の意見書を作成させ、弁護側もそれに対する松下氏の反論意見書を作成して、双方同意して提出するという妥協案を提案してきた。
　弁護人としては、裁判官は無罪の心証を得ているだろうと予測していたので、早期に判決をもらうためにはやむをえないと応じることとした。
　ところが、検察官は、この追加の山崎意見書について、弁護人に開示する前に裁判所に直接FAX送信した。当然、弁護人が同意しているものと思っていた裁判所から連絡を受け、驚いた弁護人が抗議すると、検察官は、同意も不同意もしていないのだから何がいけないんだと開き直り、それどころか、弁護人の請求した松下追加意見書については不同意だと言い出したのである。
　これはさすがに許しがたかった。裁判官は、同意のない証拠については心証から外すからととりなしてきたが、当然承服できるものではなく、検察官が弁号証に同意しないのであれば、検事正に正式に抗議すると告げた。
　その結果、検察官が弁号証に同意し、証拠調べが終了、論告と弁論を別期日で行い、平成24年3月15日、判決の言渡しがなされた。
　なお、判決文については、完成したと連絡があったのは判決確定後で、そのためか、論告や弁論と比べると比較的あっさりとした印象であった。

Ⅳ 検察側鑑定の問題点と弁護側鑑定の概要

1 日野鑑定の問題点

　ガウジ痕は、車両が衝突によって最大に変形した際に、車底部の金属部分が路面に押しつけられ食い込んで印象されるものである。正面衝突や出会い頭の事故といった衝突の衝撃が大きく車両が大きく損傷する事故でしばしばみられ、一般に交通事故においては、ガウジ痕が印象されている地点が衝突地点とされることが多い。

　日野鑑定および山崎鑑定は、**gh**、**ij**という2つのガウジ痕が印象されていたという事実だけから衝突地点を**g**付近と認定した。

　日野鑑定の概要は次のとおりである。

　ガウジ痕**gh**、**ij**は、Y車両の前部車底部がX車両のバンパー下部に潜り込み路面に押しつけられたときに、Y車両の右前輪の部品により印象された、衝突直後の痕跡である。これにあうようにY車両を配置し、衝突角度が約160度であることからX車両を配置すると衝突状況が再現できる。そうするとタイヤ痕**ab**はX車両のトレーラ部の左側のダブルタイヤによるもの、タイヤ痕**cd**はX車両のトラクタ左部のダブルタイヤによるものであると推定される。タイヤ痕**ef**は、印象幅が狭い1本のタイヤ痕であるため、自動二輪車のタイヤのように断面が円形状の場合か、極端に空気圧が高い場合、空気圧は適正だがタイヤにかかる荷重が足らずトレッド中央部だけで接地する場合に形成されるところ、X車両にはそのような状況は認められないので本件事故とは無関係である。すなわち、衝突はY側車線上で発生したもので、このときX車両は、その車体のほとんどをY側車線上に進入していた。衝突後X車両は、トラクタ部分が進路を変えずに前進し、トラクタの右前輪でガードレールを押し倒してこれを乗り越え、前部が川に転落した。Y車両は、衝突によって前部から重心の右側を突かれ、後方を左方向に横滑りさせる右旋回を起こしながら後退し、左後部をガードレールに衝突させ、さらに左側面をガードレールに沿って後退し、ガードレールのつなぎ目で左スライドドアが引きちぎられて、後方から川に転落した。

　山崎鑑定は日野鑑定をただなぞるだけの中身のないものであったので、以下は日野鑑定について述べる。

　弁護側が、松下鑑定によって指摘した日野鑑定の主な問題点は以下のとおりで

ある。

① X車両は、衝突前のハンドル操作によって、トラクタとトレーラが20度の屈曲角度を生じたことになるが、時速40キロメートルで前輪を20度操舵した場合（ハンドルの回転角は前輪舵角の20倍なのでハンドルを約400度回した場合）でも、トラクタとトレーラの屈曲角度は約7度にしかならず、20度の屈曲角度は通常走行では起こりえない。また、それだけの急旋回があれば、タイヤの横滑り痕が印象されるはずであるが、そのような痕跡はない。

② X氏がY側車線を走行していたのであれば、空いている左（X側車線）ではなく、右にハンドルを操作するのは不自然である。

③ タイヤ痕**a b**はX車両が右旋回中のスリップ痕であるところ、旋回中のスリップ痕は内側輪によって生成されるのが一般であるのに、トレーラ左側輪（外側輪）によって生成されたとするのは不合理である。

④ タイヤ痕**a b**は衝突前後にわたって印象されたことになるが、同タイヤ痕には衝突による異変が何ら生じていない。

⑤ 衝突後、トラクタに連結されているトレーラの動きはトラクタに追随するはずなのに、トレーラのみ著しく外側（左）に振られているのは不合理である。

⑥ X車両トレーラ左側輪（後輪）のタイヤ痕**a b**と同車両トラクタ左後輪（前輪）のタイヤ痕**c d**に本来あるべき内輪差が生じておらず、後輪のタイヤ痕が前輪のタイヤ痕の外側を通っている。

⑦ 衝突後、Y車両が並行移動したことになっているが、タイヤ痕**m**、ガウジ痕**i j**、**g h**の印象方向と合わない。

⑧ Y車両の損傷は、ガードレールに対する同車両の入力が、車両の左斜め後方からだったことを示しているが、日野鑑定の衝突状況では、左斜め後方からの損傷が生じない。

2　松下鑑定の概要

松下鑑定の主なポイントとしては、**1**で述べた日野鑑定に対する批判のほか、以下の点が挙げられる。

① タイヤ痕**a b**は、X車両が右旋回中に急ブレーキをかけた際に印象されたものであり、この場合、内側輪の後輪のタイヤ痕が一番印象されやすい。またトレーラ右後輪で印象された可能性の高いタイヤ痕**k**との内輪差を考慮すると、**a b**

はトラクタ右後後輪によるものである。
② 道路上の痕跡は消えやすく、現場は湿潤しており、タイヤ痕は印象されにくく、消えやすい状態であったこと、センターラインから対向車線にかけて湾曲しているという通常の走行では印象されない痕跡であることを考慮すると、タイヤ痕ｅｆは本件事故によって生成された可能性が高い。タイヤ痕ａｂの終端部にＸ車両のトラクタ右後後輪に重ねると、トラクタ左前輪がタイヤ痕ｅｆに重なる。したがって、タイヤ痕ｅｆは、トラクタ左前輪によって印象されたコーナリング痕（横滑り痕ともいう）の初期段階である。コーナリング痕の初期段階では、遠心力によって、タイヤ幅よりも幅の狭いタイヤ痕が印象される。また、同タイヤ痕の真ん中に１本白抜きされた状態が形成されているのは、タイヤのトレッド溝によるものと推測される。
③ ガウジ痕ｇｈ、ｉｊは、ガードレールへの２次衝突時に生成されたものである。１次衝突により、Ｙ車両はＸ車両前部に潜りこんだまま、やや時計回り方向に振られながら押し戻され、左後角部からガードレールに衝突し、ガードレールとＸ車両とに挟まれる形になった。この２次衝突で、Ｙ車両はＸ車両への潜り込みを増大させ、ガウジ痕が生成された。

3　実際の争点

すでに述べたとおり、日野鑑定にはさまざまな問題があったが、実際に裁判所が気にかけ、弁護人・検察官双方が立証に力を入れ最後まで争ったのは、弁護側の主張する事故状況において、①１次衝突でガウジ痕が生成されずに２次衝突で生成されることがあるのか、②タイヤ痕ｅｆがＸ車両によって印象されたタイヤ痕であるかどうかという２点であった。

①について、検察官とその鑑定人らは、１次衝突のほうが２次衝突よりも衝突のエネルギーが大きいから、１次衝突にガウジ痕がないのは不自然である、したがって、弁護人が主張する地点での衝突はなかったと強硬に主張した。なお、衝突エネルギーの大きさについての客観的な根拠はなかった。

これに対し弁護側は、ガウジ痕の形成に直接影響するのは、車両の変形量と変形方向であって、衝突のエネルギーではない、変形量を比べれば、１次衝突後よりも２次衝突後のほうがＹ車両の変形量は大きいことは明らかであるから、１次衝突でガウジ痕が印象されず２次衝突で印象されたとしてもまったく不自然ではない、

と反論した。

　山崎氏は尋問で、正面衝突をすればガウジ痕は必ず生成されるといったような、明らかに誤った証言を繰り返していたため、弁護側としては十分に立証できたと思っていたのであるが、経緯で書いたとおり、尋問終了後に裁判官から文献の提出を求められてしまった。弁護側としては、ひいき目でもなんでもなく、ガウジ痕の性質から考えてもごく当たり前の主張をしているつもりであるものの、そのものを記載している文献は見つからない。結局、松下先生にご相談して、ガウジ痕について、基本的な知識が書かれた文献（佐藤武編著／社団法人交通工学研究会編『自動車交通事故とその調査（交通工学実務双書9）』技術書院、1987年）を提出したり、衝突エネルギーが大きかったと予測される事故でガウジ痕がなかったと書かれている裁判例（名古屋地判平19・4・11交通事故民事裁判判例集40巻2号535頁）を指摘したりすることしかできなかった。

　②のタイヤ痕ｅｆについては、さらに苦労した。

　検察側は、同タイヤ痕の長手方向（タイヤ痕の印象方向）の中央部分に1本の白抜きされた部分があることを理由に、急制動痕（縦滑り痕）であると主張した。そして、急制動痕では、タイヤの接地面の幅が目一杯路面につくから、X車両のトラクタ前輪でｅｆのような細い タイヤ痕が印象されることはないとし、弁護側の主張するとおりコーナリング痕であれば、縦溝が進行方向に印象されることはなく、旋回外側に遠心力が働くから外側が濃く印象されるはずであるが、タイヤ痕ｅｆにはその痕跡がみられないから、その可能性はないとした。いずれの主張も山崎氏独自の見解で、文献等の裏づけはなかったのであるが、山崎氏は、自身はタイヤが専門であり、専門家の自分が言うのだから間違いない、という調子であった。

　この点についても、典型的なタイヤ痕について記載された文献しかなく、急制動のコーナリング痕について記載されたものは見当たらなかった。論より証拠ということで、吉川弁護士と2人、路面に印象されたタイヤ痕から、本件のタイヤ痕に似たものがないか探す日々が続いた。たまたま、当時在籍していた事務所があったビルの近くに、スクランブルのような広い横断歩道が引かれた交差点で、車両が左折しかできない場所があった。交差点に進入した車両はブレーキをかけながら左折するので、そこに印象されるタイヤ痕は、まさに急制動のコーナリング痕である。そこに印象されたタイヤ痕は、まさにタイヤ痕ｅｆと同様に、タイヤ痕の長手方向に縦に線がくっきりと入っていた。このタイヤ痕を吉川弁護士が見つけ、2人で

嬉々として撮影した写真を見せたとき、裁判官の最後の迷いが消えたのを感じた。

V 裁判所の判断

　判決は、検察官の主張する g 付近を衝突地点とすると説明できない事象が多々みられるとして、X氏を無罪とした。判決が指摘したポイントは以下のとおりであり、弁護側の主張にほぼ沿ったものとなっている。
① 　ガウジ痕が存在するからといって直ちにその地点を衝突地点とは断定できず、タイヤ痕など現場に遺された他の痕跡との整合性を考慮して判断する必要がある。
② 　2条のガウジ痕（g h、i j）生成方向とY車両の移動方向が整合しない。
③ 　X車両のトラクタとトレーラの屈曲角度（20度）は、通常の走行では起こりえないものであり、X車両が異常な走行をした痕跡もない。
④ 　X車両のタイヤ痕においてトラクタ左側輪で生成されたというタイヤ痕 a b とトレーラ左側輪生成されたというタイヤ痕 c d で生じるべき内輪差（a b が c d の内側を通る）が生じておらず、逆転する状態（a b が c d の外側を通る）が生じている。
⑤ 　タイヤ痕 e f について、タイヤ痕 a b よりも鮮明に印象されていたこと、通常の走行では到底印象されえない痕跡であること、タイヤ痕 a b、c d と同じ方向に向かっていること、松下鑑定で、タイヤ幅等については一応の説明はつく一方、検察官の松下意見に対する指摘は当たらないことから、本件事故と無関係と断じるには疑問が残る。

VI 本件を振り返って

　本件は、私にとって初めて手がけた否認事件であり、幸運にも無罪判決を得ることができた。判決前、無罪を確信している私に対し、先輩である吉川弁護士は、期待しないほうがいいと繰り返し述べ、実際に判決を聞くまで本当に不安そうだった。あれから3年半が経ち、何度も悔しい思いをした今では、あのときの先輩の気持ちがよくわかる。
　無罪のハードルは本当に高い。新米弁護士だった私は、本件によって、一般に

科学的なものとして信頼されている交通事故の捜査においてさまざまな問題があることを学び、また、無罪推定の原則が逆転した刑事裁判の実情や、検察立証の強引さ、裁判所と検察の密着ぶりを嫌というほど実感した。本件も、弁護側の鑑定人が見つからなければ、100パーセント有罪になっていたであろうし、法廷では常に、検察官に有罪の立証が求められるのではなく、弁護人に無罪の立証が求められていると感じた。判決には表れていないが、本件が無罪となったのは、弁護活動によって、**g**付近を衝突地点とすることに合理的疑いを生じさせたからではなく、衝突地点が別地点であることを立証したからだと考えている。

　無罪判決は得たものの、X氏は、本件事故によって免許を取り消され、仕事を失い、遺族からは人殺しと罵られ、6年も不安定な地位に置かれたにもかかわらず、在宅事件であったため、刑事補償も受けられなかった。

　本件に限ったことではないが、もし、日野氏や山崎氏が専門家としての責任感をもって職責を果たしていれば、あるいは、検察官が丁寧に鑑定書の内容を検討していれば、本件は起訴されることなく終わっていたのではないかという思いが今も消えない。

（なかま・ようこ／千葉県弁護士会）

ケース❸

自覚のない視野欠損があっても結果回避可能であったといえるか

戸城杏奈／小椋和彦

被告人車両が見通しのよい直線道路を走行中、横断歩道を横断していた歩行者に衝突して死亡させた事案。公判開始後に視野欠損(網膜色素変性症)の診断を受け、運転時において視野欠損の病識がないことを理由に過失の有無を争った。一審控訴審とも無罪(二審確定)。

I 事件の概要

　本件は、平成23年3月、見通しのよい道路上で、被告人(以下、「X」という)が軽トラックを運転していたところ、進路前方の横断歩道近くにいた被害者(以下、「Y」という)と接触し、Yが死亡したという自動車運転過失致死の事案である。
　事故現場は奈良県内の片側1車線ずつの道路で、幅員は6メートルほど、周囲には田畑が広がっている。横断歩道に信号はない。
　公訴事実は次のとおりである。
　「被告人は、平成23年3月21日午後3時53分頃、軽四輪貨物自動車を運転し、奈良市○町○番地先の交通整理の行われていない交差点を南から北に向かい時速約40キロメートルで直進するに当たり、同交差点出口の横断歩道左端付近に佇立しているYを左前方約65.3メートルの地点に認めたのであるから、同人の動静を注視し、その安全を確認しながら進行すべき自動車運転上の注意義務があるのにこれを怠り、同人が横断しないものと軽信し、同人の動静を注視せず、その安全確認不十分のまま、漫然前記速度で進行した過失により、折から同人が前記横断歩道直近を左から右に向かい横断していたのに気付かず、同人に自車左前部を衝突させて同人を路上に転倒させ、よって同22日午前零時19分頃、奈良市○○○所在の○○病院において、同人を脳挫傷により死亡させたものである」。

図表1　事故現場見取図

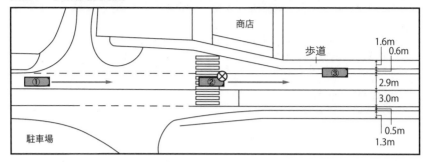

II　弁護活動①——方針決定

1　病気の発見

　Xは、事故後逮捕されたものの、勾留されなかった。在宅での捜査を経て、平成23年9月28日にXが起訴され、同年10月6日、戸城（以下、筆者）がXの国選弁護人として選任された（一審は判決まで戸城が1人で担当した）。最初の打合せ前に、筆者が検察官請求証拠を検討していたところ、Xの自白調書に妙に訂正が多いと感じていた。具体的には「事故前に人の存在を意識していたが、その人の行動に注意しなかった結果事故が起きた」という趣旨の自白がなされていたのであるが、「その際の自車の速度が調書の記載より時速数km低かったはずである」、「後日現場を見ると影があって暗い箇所があった」等の訂正がされていた。また、Y遺族の供述調書には、Xが弔問に訪れた際のXの述懐として「（事故当時のXは）真っ直ぐ前を見ていた。しかし、死角になっていて」Yを発見できなかった旨の記述があった。

　実際にXと面談したところ、Xは「事故自体は間違いない。自分の責任である」と話をしたが、一方で、「取調べの際に、警察官が自分の説明を聞いてくれなかった」と述べた。具体的には、Xが「前を見ていたつもりだったが、死角になっていてYが見えなかった」と説明しても、警察官が調書に記載しないことに不満を抱いていた。

　目撃者による実況見分調書添付の図面（**図表1**）と写真から道路状況を見ると、普通に前を見ていれば車道付近にいるYを見落とすことが考えられないほどに、見通しのよい道路であった。Xに、他に見落としにつながるような事情（よそ見や

他の車両の動向など）を尋ねても、とくに思い当たる節はないとのことであった。

　筆者は、以前、新聞で緑内障啓発のための全面広告を見たことを思い出し、目の死角ができるような何らかの目の病気があるのかもしれないという疑いを持つと同時に、Xの主張が不合理な弁解であるととられかねない危惧を抱き、Xに眼科の受診を勧めた。

　その結果、11月中旬、「Xには『網膜色素変性症』という目の疾患があり、視野が欠けていて、事故の主な原因はこの病気である」との診断書が作成された。

2　情状弁護の方向で

　11月17日の第1回公判を前にXと認否を検討したが、XはYが亡くなっており「病気を理由にした言い逃れをしたくない」と述べていた。また、この時点で筆者も網膜色素変性症という病気のことを十分把握できていなかった。さらに、X方や事故現場周辺は地域のつながりが密接で、事を荒立てたくないという遠慮（Xの妻もこのことを気にしていた）も判断に迷いを生じさせた。

　そこで、公訴事実は認めるが、情状として病気（「目が見えにくい」という程度）の主張を行うこととして、第1回公判を迎えた（言い訳になるが、打合せのときにも公判のときにも、Xの日常動作には何ら支障がなく、外形的には目の病気があるということがまったくわからない状態であった。そのため、Xの意向もあり、否認の方針をとることに躊躇があった）。

3　方針転換——否認へ

　第1回公判で、被告事件についての陳述の際、裁判所がXに対し、過失を基礎づける事実の認否を細かく確認していたところ、「人が横断しないと思い込んだのか」との質問に、Xが沈黙して、答えに窮した様子を見せた。

　その場でいったんXと筆者が応答について確認し、Xが「（Yは）横断しないと思って気にしなかった」という趣旨の回答をしたため、公訴事実は認めるが情状立証を行う旨の意見を述べた。

　しかし、Xが答えに窮したことが気になり、公判直後にあらためてXと話をした。結果、「人が亡くなっているのに無罪主張をしてはいけない」と思うあまり、Yに気づかなかったとは言えなかった、という心情が判明した。

　第1回公判後、さらにXと打合せをして、過失について、「Xは自覚がないが視

野が欠損していて、通常人と同じ注意を払ったにもかかわらずYを発見できなかった」として、予見可能性、結果回避義務のいずれも否認することになった。自白調書については、第1回公判の段階で信用性を争うという意見を出していたため、取調べは後回しになっていたことが幸いであった。

III 弁護活動②――弁護側立証

1　A医師からの説明

　第2回公判で認否を明らかにし、第3回公判までの間に、Xの診察をしたA医師を訪ねた。A医師から、網膜色素変性症は周辺の視野がドーナツ状に（中心を残して）欠けていく病気であること、進行が遅く、中心は見えているので自覚がなくてもおかしくないこと、Xの状態では視野が半分以上欠けていて運転は勧められないこと等の説明を受けた。日常動作に問題はないように見えるにもかかわらず、Xの視野の半分以上が見えていないということには衝撃を受けた。
　A医師は非常に協力的で、証人出頭の了解をいただいたほか、医学的見地の質問を随時メールで受けてもらえることとなった。X自身も、なぜ自分がYを見落としたのかがようやく腑に落ち、無罪判決を目指す決意が固まった。

2　A医師の尋問で明らかになったこと

　検察官は、Xに疾患があることは争わないが、疾患があったとしてもXは過去の事故歴がほとんどなく注意義務が履行できるはずで、自白調書は信用できる、という主張であった。
　第3回公判で、A医師が証人として採用され、尋問がなされた（鑑定は実施しておらず、証言のみ）。法廷での証言要旨は次のようなものであった。
　「Xの目は、いわば、長いちくわの穴を通して世界を見ているようなもの」で、「ゆっくり進行する病状で、中心部分はずっと見えているままなので、当事者は『前と同じように見えている』と思っている」。「Xは、視野の中心部の約10度ほどを残して、その外側がほとんど見えていない。通常の人は左右から現れるものについて中心から40度～50度くらいの角度で気づくが、この病気ではまさにその角度が見えないので、通常の人が気づくタイミングではXは気づけない。中心までものが現れなければわからない」。

検察官は、A医師に対してさまざまな角度から反対尋問を行っていたが、結果的にいわゆる「塗り壁尋問」になっており、あまり弾劾に成功していなかった。
　検察官からは、A医師とは別の専門家証人を検討する旨の話があったが、結局、証人請求はなされなかった。
　第6回公判のX質問において、Xは、事故当時の認識として「Yが実際にぶつかってフロントガラスにひびが入るまで全く人に気がつかなかった」ことや、視野狭窄状態であることのエピソード（床に落としたものを拾うのに時間がかかる、子どもの頃にはけん玉遊びができたが今は玉を目で追うことができない、など）を供述した。そして、自白調書作成時には、警察官から「見えんかったはずないやろう」等と怒鳴られていたこと、当番弁護士を呼ぶのを妨害されたことなども供述した。

3　検察側と弁護側の主張

　論告において、検察官は、Xに残された中心部の視野だけであっても注意義務を履行できるはずだと主張した。具体的には、①光を感知できる範囲が視野中心から7〜8度あることから、三角関数（tXn）を用いて、事故現場の30.8メートル手前では横断歩道付近4.3メートル程度の幅が見えていたはずである、②Xの公判供述はA医師の話を受けて後から「創作した」エピソードである、③自白調書が信用できる、④A医師の証言は不正確である等の内容であった。
　一方、弁論において、弁護人からは、①Xの目の中心部では物が見えることは事実であっても、到底Yを発見することはできない、7〜8度は「光を感知できる」だけで、そこから直ちに人を人と認識できるわけではない、②Xの公判供述こそ信用でき、病識がない状態で事故の理由を必死に「創作した」自白調書は信用できない、③A医師の証言は、豊富な症例を診てきた経験と学識に裏打ちされたもので信用できる、とし、予見可能性も結果回避可能性もなかった旨を主張した。

IV　一審判決

　平成24年7月9日、A医師の証言内容をもとに、Xは前方注視義務を履行できず、結果回避可能性がないと判断され、無罪判決となった。自白調書は、事故前に人を発見したときの地点について2度も変遷し、また、その人数も複数名から「1人または複数」と曖昧になるなど、重要部分に変遷が見られるため、信用性は低

いと判断された。

　正面から弁護人の主張が認められた判決ではあったが、検察官が専門家証人による立証をしていなかったことや、運転免許行政（現状では更新時に視野検査を行っていない）に影響を及ぼす判決であることから、控訴は避けられないと予想した。

V　控訴審

　予想どおり、検察官からの控訴がなされた。控訴審での追加請求証拠として、複数の眼科医（大学教授）の供述調書（実質鑑定書に近いもの）が証拠請求され、その内容から、大阪高検がいわば「本気になって」控訴審を争うつもりであることがうかがえた。

　弁護側も防御態勢を固めるため複数選任の申立てを行い、小椋が追加選任された。

1　控訴趣意書の内容

　検察官は24頁にも及ぶ控訴趣意書を提出したが、要約すると、Xが視野を前方に固定していたとしてもYを認識できたこと、Xに横断歩道左端付近の注視義務違反があったことを主張していた。そして、同主張を証明するために、前記眼科医等による供述調書の取調べを請求した。

　弁護側は、原審において証拠調べ請求をしなかった検察の落ち度（刑訴法382条の2第1項）を指摘し、不同意の意見を述べた。

　裁判所は、検察官の請求証拠は採用しなかったが、真実発見の見地という理由で、職権でB医師を証人として採用した。B医師の供述証拠は、Xの視認可能範囲の視野（原審A医師による検査結果）と、事故現場写真とを合成したものでできており、一見すると明瞭なもので、Xが横断歩道を渡ろうとするYを認識できたとも思えるような証拠であった。弁護人らとしては、このままB医師が証言をした場合には、Xの過失が認定される可能性が高いことを危惧し、弾劾立証を検討した。

2　鑑定請求

　B医師の供述証拠は、Xの視野範囲の検査結果と事故現場の写真を合成したもので作成されていたが、Xの視野範囲を検査した検査結果は、病気の有無を判断するための簡易検査手法（ゴールドマン視野計による検査）であったため、より精密な視野検査を行うことにより、B医師の供述の信用性を弾劾する方針を立てた。なお、ゴールドマン視野計とは、光を感知する限界点を抽出する検査手法で、さまざまな視野狭窄状態の患者の病状（光を感知する限界点）を把握するために、第1次的なスクリーニング検査として用いられるものである。具体的な検査手法は、被検査者の頭部を機械に固定し、被検査者に円形のドーム内の中心点を見つめさせ、全方位の視野外から中心点に向かってくる光（数ミリから数センチ程度の光）を感知した際に手持ちボタンを押すように指示し、感知点を線で結び、光を感知した範囲を検査図に写すことにより光を感知する限界点を抽出する方法である。

　そこで、大阪高裁に対して、鑑定請求を申し立てることにした。鑑定事項は、A医師の助言をもとに、「Xの左目及び右目の視野、特に中心から10度内の視野について」とし、さらに、検査手法として、より精密な検査手法である「ハンフリー視野計、光干渉断層計OCT、多局所網膜電図を用いること」と特定して申立てをした。10度以内の視野検査を求めたのは、ゴールドマン視野計で、Xの視野範囲が10度以内であることが明らかであったためである。なお、ハンフリー視野計とは、網膜の光の感度を数値で明らかにすることができる機械であり、光干渉断層計OCTおよび多局所網膜電図は、網膜の現状を明らかにすることができる検査手法である。網膜色素変性症は、視野細胞が死滅する病気であるため、これらの検査手法により、光を感知する視野細胞の死滅状態・異常な状態が客観的に明らかとなる。

　裁判所は、職権で採用したB医師の証人尋問に先立って、鑑定を採用する決定をしたが鑑定人の選任について争いが生じた。すなわち、検察官側は、前記B医師を鑑定人として推薦し、弁護側は、原審でも証人として協力を要請していたA医師を鑑定人として推薦した。熾烈なやりとりが交わされたが、結果として、裁判所は、B医師を鑑定人として採用した。

　この時点で、弁護人らは、Xの視野を調べる鑑定は機械で行うものであり、恣意的な検査のおそれはないと安心していたが、鑑定の結論については、検察側に有利な結論になると予想していた。すでに検察の立場に立った証拠を作成してい

たB医師が、鑑定人となった際に立場を変えるとは思えなかった。

そのため、B医師の鑑定にあたっては、弁護人らが、A医師と検討を行うため視野検査の結果（鑑定書①）を早期に開示することを求め、B医師による評価が記載された鑑定結論（鑑定書②）を分けて作成するよう申入れをしていた。

Xの正確な視野を調べる鑑定は、B医師の勤める大学病院で行われたが、検察官および弁護人の立会いのもとで数時間近く行われた。

3　鑑定内容

後日、B医師から、Xの視野を検査した結果が記載された鑑定書①が提出された。鑑定書①の内容は、弁護人およびA医師の予想どおり、Xの視野は10度よりもさらに狭いものであり、光を捉える視野細胞のほぼすべてが異常という検査結果であった。ハンフリー視野計、光干渉断層計OCT、多局所網膜電図という3種類の検査手法のいずれにおいても、Xの網膜の異常を示しており、明らかに正常人とは異なる状態であった。

その後、鑑定書①を踏まえ、鑑定結論を記載した鑑定書②が提出されたが、こちらも予想どおりに、鑑定書①の視野であったとしても、XにはYを認識することが可能であり、注意義務を課すことができるというものであった。さらに、鑑定書②には、ゴールドマン視野計の検査結果をもとに事故現場写真を合成したのと同様に、ハンフリー視野計の数値をもとに事故現場写真との合成図面が作成されていた。

4　再鑑定請求

弁護人らとしては、鑑定書①の内容については異議がないものの、裁判所が鑑定書②の結論に引っ張られることを危惧した。本件は、灰色ではなく、確実に白として勝たないといけない事件であると考えたため、大阪高裁に対し、無理を承知で再度A医師による鑑定を請求した。控訴審において、2つの鑑定が採用されることは困難とも考えたが、本件が運転免許制度や社会に与える影響に鑑みて必要なものであると説得を試みた。裁判所の合議体内部でも意見は分かれていたようであるが、結局A医師を鑑定人として採用するに至った。ただし、鑑定事項は、B医師の鑑定書①を前提として作成された鑑定書②の評価部分の妥当性に絞られた。

後日提出されたA医師の鑑定書は、B医師の鑑定書②は妥当ではなく、XにYを認識することは不可能であるといったものであった。A医師の鑑定内容は、鑑定書①で現われていたさまざまな検査数値を、素人でもわかりやすいように図示したものであった。具体的には、原審からA医師が述べていた「長いちくわを目に当てて見ているXの視野の状態」を、事故現場写真と合成して、Xの視野の状態を可能なかぎり正確に再現するものであった。この合成図面の作成にあたっては、可能な限りXの視野を再現するために、高度な印刷技術を持つ写真屋に印刷を依頼していた。

　2人の鑑定人は、検査結果から導かれた数値をもとに、Xの視認可能範囲を明らかにし、それに事故現場写真を合成する手法を用いていたが、作成された合成図はまったく異なっていた。B医師の合成図は、光の感度を示すデシベルの範囲を0デシベル、1から9デシベル、10デシベルと大まかに分けて視認範囲を作成しており正確性に欠けていたが、A医師の合成図は、ハンフリー視野計で得られた網膜細胞の各地点の感度を緻密に計算して合成図面を作成していた。

　この段階で、2人の医師による、2つの鑑定書、2つの合成図が揃った状況であった。

　弁護側としては、B医師による鑑定書①については異論がなかったものの、鑑定書②については同意できるものではなかったため、B医師の尋問に至った。

5　B医師に対する反対尋問

　B医師の反対尋問では、専門家証人に対抗するために、弁護人らも十分な知識を習得する必要があるため、猛勉強をした（B医師の著書は当然読み込んでいるほか、A医師とメール、電話等により何度も質疑応答をした）。

　本来、反対尋問では、オープン・クエスチョンは控えるべきものとされ、クローズド・クエスチョンにより反対尋問者が主導権を握るのが理想とされている。しかし、本件については、鑑定書①の基礎資料がXの視野の状況を明らかにするものであり、それを明らかにすることが弁護側の有利に働くため、鑑定書①については、あえてオープン・クエスチョンで尋問をした。B医師は、丁寧にわかりやすくXの視野状況を説明していた。具体的には、ハンフリー視野計で得られた数値や、光干渉断層計OCT、多局所網膜電図の検査結果をもとに、Xの網膜の状態が正常人と比較して異常であることを述べていた。

図表2　Xの視野（10度以内）

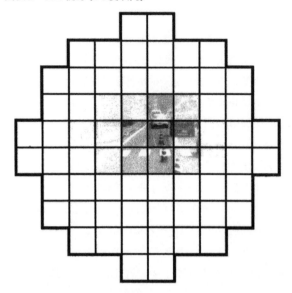

　一方、B医師の鑑定結論が示されている鑑定書②については、クローズド・クエスチョンによりB医師の鑑定結論に至る筋道を弾劾して、鑑定結論の不合理性を明らかにした。B医師は、Xに注意義務を課すために強引な筋道を立てていたと思われる。

　B医師の主尋問を行っていて感じたことであるが、B医師は、もし本件が無罪になれば、その影響で視野検査等が厳格になされ、視野に障害を持つ患者の運転免許取得が困難になることを危惧している様子であった。そのためか、証言の中でも、障害を持つ患者の権利を擁護する発言がみられた。

6　結審

　平成26年2月14日、検察官および弁護人において、意見を述べて結審した。なお、裁判所はA医師の鑑定書について検察官に同意を促し、検察官は信用性を争うという意見を述べてこれに応じた。すでに、B医師の尋問の際に、検察官がA医師の鑑定内容に踏み込んで尋問をしていたためである。

Ⅵ 控訴審判決

　判決は、概ね原審を維持して無罪という結論であったが、原審と比較すると鑑定書を踏まえて、より詳細な事実認定がなされた。
　控訴趣意については、以下のとおり理由を述べて排斥している。
　まず、視野を前方に固定した場合にYを認識できたかについては、B医師による鑑定書①を根拠に、Yを認識することは困難であると認定した。具体的には、Xの視野を68個のマス目にした図を用いて（**図表2**）、Yの立ち位置に該当するマス目の感度を比較して、XがYを認識できないと判断した。
　また、横断歩道上左側に視線を動かす義務については、道交法38条1項から視線を動かす義務が当然認められるわけではなく、具体的な事案によって決まること、本件では、Xに病識がなく、視野を動かすことを義務づける事情もないため、Yを認識することは困難であったことが認定された。
　裁判所の判決は、鑑定書②の結論に触れるまでもなく、鑑定書①の検査結果から、XにはYを認識することは困難であり、前方注視等による安全確認義務に違反するものではないとしたものであった。

Ⅶ 振り返って思うこと

　初回の打合せの際に、現場の状況から見て、何か理由がなければYを見落とすはずがないと考えたことが、病気に気づくきっかけだった。とはいえ、在宅であったので病院に行くことは簡単に考えられたが、もしこれが勾留中であったら、保釈をとるか鑑定請求をするか、いずれにせよ相応の労力が必要だったと思われる。
　また、今回の網膜色素変性症のように、刑事責任に影響するような病気であるのに弁護人の知識がないということは無数にあると思われる。日々の業務で医学的知識の研鑽が積めればベストではあるが、次善の策としては、弁護人として「何かおかしい」と思ったときにその疑問を自分で見逃さないようにすることと思われる。
　一審の第1回公判で自白事件として扱うこととしたのは、網膜色素変性症という病気に対する弁護人の無知が原因であり、Xとの意思疎通の不十分さが原因であって、大いに反省している。その背景には、Yの落ち度はほぼ問題にならない事案で、人が亡くなっているという事態の重大さと罪悪感があったのだが、被害

の重大さと刑事責任は別のことであると意識し直さねばならなかった。

　第1回公判のドタバタからもわかるように、筆者は普段から刑事事件をたくさんやっているわけではない。本件では、複数の先輩方（事務所内外問わず）から助言を受けながら一審の弁論を作成した。刑事弁護の経験が多くない弁護士の方々には、「それでもなんとかなる」と思っていただければ幸いである。

　この件を受けて運転免許更新時の視野検査導入が検討されている様子である。もし視野検査があれば、Xは平成23年時点で運転できる状態でないと判明しており、事故は起きなかったと考えられる。一方で、車がなければ生活できない地域が日本全国に多数ある以上、視野障害があると一律に更新不可とすることは障害者の生活を圧迫することにつながる。

　本件をきっかけに、個々人の障害の程度に応じた運転免許制度の運営がなされるようになればと願う。

　　　　　　　　　　　　　　（としろ・あんな＋おぐら・かずひこ／奈良弁護士会）

ケース❹
被害者に傷害を負わせたのは
被告人車両か

新川登茂宣

> 路上に横臥していた被害者を負傷させた「ひき逃げ車両」が被告人車両か否かにつき、被害者との接触（過失）を認定しつつも、杜撰な捜査が批判され、後続車両による轢過の可能性を否定できないとして傷害との因果関係を認めず、さらに報告・救護義務違反の未必的故意も認められない、として全面無罪が言い渡された事件（一審確定）。

I　事件の概要

1　公訴事実

① 　平成23年7月28日午前4時30分頃、普通乗用車を運転するに際し、前方を注視し、進路の安全を確認して進行すべき注意義務があるのにこれを怠り、前方注視不十分なまま漫然時速30ないし40キロメートルで進行した過失により、路上に横臥していた被害者に気づかず轢過し、よって、加療約3カ月を要する右腸骨骨折、両恥骨骨折等の傷害を負わせた（図表1参照）。

② 　救護義務違反。

③ 　報告義務違反。

2　逮捕経緯

　被告人は、本件事故発生日、友人と遠出するために、普通乗用車である被告人車を1人で運転して自宅を早朝暗いうちに出発、本件事故現場を通過し、友人宅へ行き、そこで友人を同乗させて再出発した。

　被告人が夕方、自宅に戻り、夕食を済ませてくつろいでいるところに、突然、警察官が自宅を訪問。警察官は被告人車を被告人の前で捜索し、その車底から被害者ズボンの布片らしいものを発見したとして、被告人を警察署に同行。被告人が本件事故現場を通過した経緯の供述をしたことから、逮捕・勾留された。

　この被告人特定の情報を提供したのは後記の目撃者パトカー警察官である。

図表1　事故現場見取図

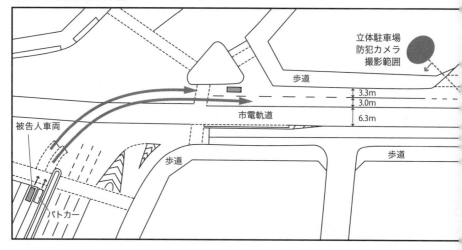

II　受任経緯と弁護の基本方針

1　受任

　被疑者段階では別の弁護人が就任していたが、その弁護人は被告人が有罪であることを疑わなかったこともあり（この弁護人が自白の任意性・信用性に関連して証人尋問を受けることになる）、孤立無援の被告人は供述を変遷させながらも最終的には報告義務違反と救護義務違反につき未必の故意を自白し、起訴された。しかし身柄に関しては第1回公判前に保釈されていた。

　その保釈後に、被告人が無実を訴えて松島道博弁護士に依頼、松島弁護士から阿波弘夫弁護士へ、阿波弁護士から私へと順番に共同弁護の要請があり、最終的には3人で共同弁護することになった。

2　検察官請求予定証拠開示からうかがわれたこと

　弁護団は、第1回公判前の検察官請求予定証拠の開示から、本件事故は次の特徴を有することを察知し、その特徴が弁護を方向づけた。
① 事故現場は、市電が走行している繁華街の主道路、信号機の設置されている横断歩道付近（**図表1**参照）、天候は晴れ。

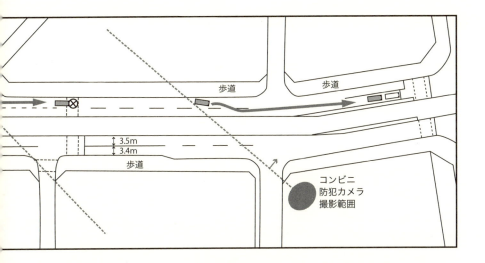

② 時間帯は、夜明け直前の深夜状態（繁華街なので街灯による明るさはある）、本件事故時前後間の10分間に相当数の車が本件事故現場を通過している。また、被害者らしい歩行者もおり、それらは本件事故現場横断歩道手前を撮影した立体駐車場防犯カメラ3台からうかがわれた。そのため、被告人車の前後車が被害者を轢いた可能性もうかがわれた。

③ 被害者は泥酔して横断歩道手前で横臥状態だが、轢かれる直前の横臥状態は目撃者供述からは特定困難であった。

④ 被害者は被告人車の車底と接触したのみで、バンパーとの接触はない。また、タイヤにも轢かれていないという稀な事故態様である。

⑤ 本件事故自体の目撃者はいないが、事故直前、直後の目撃者は複数いる。その中にはパトカー運転の警察官もいるが、とくにこの目撃者パトカー警察官の供述は極めて疑わしかった。

⑥ さらに、被告人が捜査機関に取り調べられた際に得た情報から、検察官が開示していない証拠の複数存在がうかがわれた。

⑦ 被告人が報告義務違反・救護義務違反につき未必の故意を自白しているので、その任意性、信用性を弾劾する必要があった。

3　真実探求の方法と認識

　筆者は、経験から、真実探求のための次の認識論と方法論を確立しており、その基本理念を実践することが真実発見（創造でも発明でもない）に至る道であり、資金が乏しくても、真実らしさのまやかしを暴露できると確信している。

(1) 認識論

① 真実は認識可能とし、不可知論は採用しないこと──知りえないと思うと探究心が鈍る。

② 真実は1つであること──複数にすると探究心が鈍る。

③ 真実は無矛盾、つまり論理そのものであること──探求は確実になり、迷いがなくなる。

(2) 方法論

① 収集資料を選択せず、すべてを使用して可能な限り緻密な時系列を作成すること──この時系列に真実無矛盾の認識論を適用すると、必然として疑問と真実が浮かび上がる。

② 供述証拠は徹底して疑うこと──人の心は不確実で傾向性にとどまることが多い。

③ 供述証拠は非供述証拠により論証（理論）・実証（観測と実験）された事実と整合してのみ信用しうること──非供述証拠には自然法則を適用しうる。

④ 間接事実からの推論は必ず反対間接事実を消去すること──帰納的推論や発見的推論は演繹的推論に比較して不確実。

⑤ 推論に使用する経験則・論理則を吟味すること。

　真実を探求して行動する過程で問題に遭遇する、真実の探求は行動を必要とするという意味で静的ではなく動的である。

Ⅲ　弁護活動のポイント

1　被告人を含めた目撃者の供述分析

　本件事故直後に本件事故現場を通過したと称するパトカー運転の警察官が、被告人車のナンバーの一部を記憶しており、その記憶から被告人が特定された。また、そのパトカー警察官は、パトカーより先に本件事故現場を通過した他県ナンバーの車をも記憶していて、その車の運転手も特定できたという。

通常ではパトロール中の警察官供述は信用される傾向があるが、本件パトカー警察官の供述は極めて疑わしく思われた。けだし、本件事故時前後の本件事故現場目撃者はパトカー警察官と被告人を含めて5人いるが、その各供述のうち、パトカー警察官の供述だけが他の供述と大きく食い違っているのみならず、不自然・不合理だからである。

⑴　パトカー警察官供述と他の目撃者供述との分析
①　第1順位目撃者：現場を2度通ったタクシー運転手の供述概略
　本件事故の数分前に本件事故現場の直前の変形交差点手前を走行中、横断歩道上をフラフラしながら横断している被害者が横断歩道上に前倒れするのを目撃。タクシーはその直後に変形交差点を左折した。
　その後、客を乗せて再び本件事故現場付近を通過。その際、横断歩道手前で停止していた自家用車1台を目撃したが、警察官はいなかった。赤色カラーコーンも設置されていなかった。

②　第2順位目撃者：他県ナンバー運転手の供述概略
　本件事故現場に至る相当前からパトカーに追尾されていた。そのパトカーの車種はマツダのデミオである。自分は車の趣味があるので車種を見間違うことはない。
　本件事故現場前の大きな交差点で、信号待ちで、右折路線2車線のうち右側車線の最前列に停止した。追尾してきたパトカーは自車の後ろに停止した。隣の右折車線の先頭には黒色のホンダ車が停止した。
　信号が青色になったので自車とホンダ車は進行して交差点を右折したが、パトカーは停止したままであった。
　自車は本件事故現場2車線のうち市電軌道側を走行、ホンダ車は歩道側車線を走行。私は、横断歩道上に横臥している被害者に気づいたので、ハンドルを右側に切り市電軌道上に移動して被害者を避けた。バックミラーで見ると、ホンダ車は停止していた。
　その後、しばらくして自車とホンダ車は並走した。

③　第3順位目撃者：110番通報した運転手の供述概略
　自家用車で、本件事故現場前の大きな交差点の歩道側車線を直進し、本件事故現場の横断歩道前にさしかかった際に、横断歩道手前に倒れている被害者を発見したが、そのまま通過した。
　しかし、被害者が轢かれる危険があると思い、次の交差点を左折してすぐに停

止して110番通報し、一周して本件事故現場に戻り、横断歩道前に停止して、被害者が轢かれないようにした。

本件事故現場には赤色のカラーコーンは設置されていなかった。警察官もいなかったし、パトカーもなかった。

④　第4順位目撃者：戻ってきたパトカー警察官の供述概略

パトカーの車種は小型のスズキソリオ（ワゴン車形状）であり、本件事故現場近くの大きな交差点にて信号待ちで他県ナンバー車の後ろに続いて停止した。他県ナンバー車は信号青色で先行したが、パトカーは停止したままでいた。しばらくすると、右折路線2車線目の先頭に被告人車が停止した。

信号が青に変わり、パトカーは被告人車に先行して大きな交差点を右折した。

パトカーが市電軌道側の車線を走行して本件事故現場にさしかかった際に横断歩道上に横臥している被害者を発見。速度を落として、被害者のそばを直進しながら被害者の状態を確認すると着衣の乱れはなかった。保護のために横断歩道先25メートル付近の歩道側にパトカーを寄せて停止、下車して被害者の確認に赴いたところすでに轢かれていた。

そのため、パトカーに戻り、赤色カラーコーンを被害者の手前に複数設置するとともに、無線で警察署に連絡し、現場にて待機した。

⑤　第5順位目撃者：被告人の供述概略

本件事故現場手前の大きな交差点で、信号待ちのために右折路線の2番目車線の先頭に停止した、隣の1車線目の先頭にはパトカーが停止していた。

青になり、パトカーが被告人車に先行して発進した。

被告人車は本件事故現場の歩道側車線を通常の速度で直進したが、被害者の路上横臥には気づかなかった。

(2)　パトカー警察官に関する他の証拠

①　パトカーの車種

警察署回答は、警察署にはマツダデミオのパトカーは1台しかなく、本件事故時には使用されていなかったという。

②　パトカー警察官の勤務場所

本件事故現場から遠く離れた派出所勤務である。

その派出所で使用されている小型パトカーはスズキソリオである。

③　パトカー警察官からの無線連絡

無線連絡存在が不明。
④　パトカーの走行時刻、停止位置
　立体駐車場防犯カメラは横断歩道手前を走行するパトカーを撮影していた。横断歩道先に位置するパトカーはコンビニ防犯カメラに撮影されているというので、そのビデオの入手が必要であった。
　ビデオに写っているパトカーは、暗闇の中の街灯による明るさのみであるため極めて不鮮明である。したがって、パトカーの車種までは判別しえない。
(3)　弁護方針
　パトカー運転手の供述は不自然。勤務管轄から遠く離れた本件事故現場を午前4時30分という時刻に走行しているのも不自然。パトカー車種も不自然。パトカー警察官の嘘を暴露することに目的設定した。

2　横断歩道手前を撮影する防犯カメラの分析、横断歩道先を撮影する防犯カメラの探索

　本件事故現場通過車とその時刻を特定しうる証拠としては防犯カメラがあり、その分析により被害者を轢いた可能性のある車をすべて列挙することができるので、その防犯カメラのビデオ分析に専念した。

(1)　横断歩道手前側を撮影している立体駐車場防犯カメラ3台
　本件事故時間の前後10分間に本件事故現場直前を通過する多数の車と、本件事故直前の被害者の歩行が撮影されている。
　捜査機関がそのビデオを分析して通過状態を確認していた。
　弁護団は、本件事故現場の通行状況の防犯ビデオを検察庁で再生確認をするとともに、前記目撃者供述をもとに本件事故現場通過車両を一覧表にまとめた(**図表2**)。また、被害者の歩行状態や轢かれた経緯を図面化した(**図表3**)。これらにより、本件事故現場通過車両の時刻と車線が判明し、本件事故を起こした可能性のある車両を数台程度に絞り込むことができた。
　このビデオ解析に、横断歩道後方を撮影するコンビニ防犯カメラによるビデオが加われば、さらに、本件事故を起こした可能性のある車両を絞ることが可能になる。

(2)　横断歩道後方を撮影するコンビニ防犯カメラ
　前記パトカーが被害者を保護するために停止した箇所も撮影している。

図表2　立体駐車場用防犯ビデオ解析表

分＼秒	16：23	24	25 被疑事実	26	27	28 第4パト 無線	29 110番 第3目撃	30 公訴事実 第4パト 無線	31	32	33
〜5		0・1車線 被害者 南側歩道 5・1車線	0・2車線 0	1 第1目撃 被害者 横断倒れ	0・1車線 3 対向車線 から右折	1 第2目撃 2車線 3 被害者 1車線 横臥		3 第5被告 1車線 被害者 轢かれる	2・2車線	1・2車線 3・2車線 4・2車線	4・2車線
〜10				7 第1目撃 幹線から 横道へ 7・2車線		9・2車線	6・2車線	8・1車線		7・2車線	
〜15		12 被害者 北側歩道			12 幹線から 横道へ		15 1車線 トラ				
〜20						20 1車線	19 1車線	19 第3目撃 横道から 幹線へ			
〜25			28 横道から 幹線へ								
〜30		29 被害者 横断									
〜35		35 被害者 南側歩道	35 北路地か ら右折								
〜40		37 被害者 南側歩道 39 被害者 南側歩道				37 第3目撃 1車線 被害者 横臥				39 2車線	
〜45	43 1車線										
〜50	50 幹線から 横道へ							50 歩道			
〜55								54 1車線			
〜59		57 被害者 南側歩道						59 第4パト 2車線 被害者 横臥			

図表3　立体駐車場防犯カメラビデオ解析による被害者歩行経緯

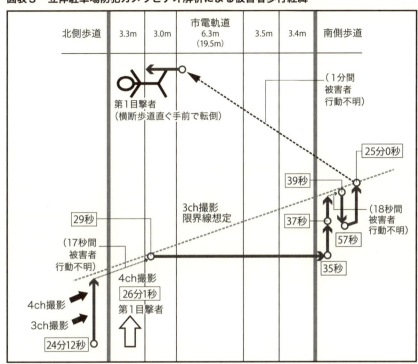

　この防犯ビデオは警察官が再生して確認し、パトカー停止位置を確認したという重要なものであり、目撃者パトカー警察官供述の真偽を裏づけるものであった。また、本件事故を起こした車両を絞り込むものでもあった。

　この防犯カメラは、警察官が被告人を取り調べている際にたまたま被告人に告知したことから、その存在を知りえたものである。ところが、検察官は、そのビデオを前記立体駐車場防犯カメラビデオと違い証拠調べ請求しなかった。

　そこで、弁護団がそのビデオの開示を請求したところ、ビデオは存在していたがダビングに失敗したとのこと。弁護団はそのコンビニを訪問し、防犯カメラのシステム、設置場所、撮影方向、また、警察官による捜査時期、捜査方法を確認した。

　その結果、前記パトカー警察官の目撃供述の真偽を裏づけ、本件事故を起こした可能性のある車両の絞込み効果のある貴重なビデオを、捜査機関は信じがたいミスをして喪失していることが明らかになった、そのため捜査方法に疑いを抱いた。

3　被害者着衣の探求

検察官が被害者着衣を証拠物として証拠調べ請求しなかった。

しかし、被害者着衣を分析すれば、被害者が被告人車の車底とどのように接触したのかや、後続車によって轢かれた可能性を確認することができる。

それゆえ、弁護団がその着衣の開示を求めたところ、捜査機関は被害者に還付しており、被害者はすでにその着衣を廃棄していた。そこで弁護団がその着衣が還付された経緯を警察署に照会したところ、検察官に無断で還付したとのことであった。

ここでも、弁護団は捜査方法に疑いを抱いた。

4　目撃者警察官運転のパトカー探索

パトカーは本件事故現場から遠く離れた派出所のものであり、本件事故現場は管轄外であった。そのため、パトカー警察官が管轄から遠く離れた本件事故現場を走行していることに疑問が生じた。

また、そもそもパトカーの車種につき、前記他県ナンバーの運転手が述べるマツダデミオとパトカー警察官が述べるスズキソリオとでは、素人が見ても形状がまったく異なる。そこで、警察署にマツダデミオの所有台数等について照会したが、パトカーがマツダデミオであることを裏づける証拠は出なかった。

しかし、本件事故現場の車両通過状況や複数の目撃者供述を総合すると、パトカーと被害者の関係に対する疑惑を拭い去ることはできなかった。

なお、警察はスズキソリオの車底を調査し、被害者痕跡は皆無だったとするが、他県ナンバー目撃者の言うマツダデミオであったとすれば、スズキソリオの車底を調査しても無意味である。

5　捜査機関が指摘する被告人車の車高に疑問

捜査機関の犯行再現写真では、被害者は横断歩道に対して縦に、頭部を先にしてうつ伏せに横臥、右腰部を立てた状態であった。この横臥状態で、被害者がバンパーに接触することなく被告人車の底に入り込みうるか疑問が生じた。

そこで、被告人が運転席に乗った状態での車高を測定してみたところ、バンパー中央付近で車高約26cmにとどまり、被害者が右腰を立てた状態で車底に入り込むのは不可能と思われた。

ところが、警察官が測定した車高は33cmで、被害者が右腰を立てた状態で車底に入り込むことは可能であった。この約7cmもの高低さがどうして生じたのか疑問が生じた。

弁護団の車高測定方法はタイヤに車の重量がかかる形態での測定方法である。したがって、車の重量がかからない場合のタイヤと違い、車高が低くなる。しかし、警察官は、車の脇からリフトのフォークを左右から車底に差し込んで、車のみをリフトし、そのフォークを静かに下ろし、タイヤと地面がわずかに接触する程度の状態にして車高を測定していたことが判明した。これでは、本件事故を再現するものとはならない。

もっとも、弁護団がこの車高測定方法の違いに気づいたのは、時期的には終盤の検証申立ての検討に入ってからである。車高測定に関する先入見が邪魔をし、気づくまでに時間がかかったが、ここでも捜査方法に疑いが生じた。

6 被告人車の車底に付着した黒色薄膜物質への疑問

警察は、被告人車の底に付着していた黒色薄膜付着物は被害者の履いていた黒色革靴の底のゴムと特定していた。

弁護団は実況見分の写真ではそれに疑いを抱いていなかった。

しかし、被告人車が還付されたことを契機に、弁護団がその黒色付着物を採取して技術センターで鑑定してもらったところ、材質はゴムではないと断言された。ここでも、弁護団が先入見に囚われていることを自覚させられた。

もっとも、技術センターからは鑑定意見を付することはできないと断られた。警察の捜査に関わる証拠で警察に反対するような意見は、企業は警察に睨まれるのを恐れてどこでも尻込みする。とくに、国や地方公共団体から補助金が出ている企業にはその傾向が強い。今では国立大学でさえも尻込みする。

無罪弁護は、世界精神を駆使して弁護団だけで真実に迫ることを余儀なくされる傾向が、ますます濃厚となっている。

7 検証

弁護団は、被告人車が被害者をタイヤで轢くことなく、上を通過しうるか実験し、また、車高、車底の測定をして図面化し、さらに、車底に物が接触すると運転者にはどのような音に感じるかを実験するために、検証の申立てをした。

裁判官は、警察が撮影した車高や車底の写真があるにもかかわらず、この検証の申立てを採用してくれた。もし、申立てを却下されれば、実験による体感を証拠化することができなかったことを鑑みると、採用されて幸いであった。

　検証の結果、被告人車がタイヤで轢くことなく、被害者の上を通過することは奇跡に近く、もし、車底で被害者が少しでも動くと被害者は大怪我をすることが判明した。

　体感は人間にとっては直接的で明白であるが、とくに臭覚、味覚、触覚は数量化して証拠にすることの困難な部類に属する。しかも、既存の統計データーも少ない。こうした場面では、検証が最も安価で確実な証拠化の方法である。しかも、前記のとおり鑑定に応じてくれる者は数少ないことに照らせば、検証の採否は弁護が抽象論にとどまるか否かを決する目安である。

8　現場確認

　弁護団は、真夜中の本件事故現場がどのようなものか、何度も調査した。これも体感の一つであった。

　路上横臥した被害者が背景と同化するカメレオン現象についても検討したが、この点は明白な結果を見出すことはできなかった。

　しかし、目撃者尋問や、実況見分警察官に対する尋問等については、単なる思念に基づくものと違い、確実な尋問を可能にした。

9　自白の任意性と信用性

　報告義務違反・救助義務違反につき、被告人が未必の故意を自白しているので、その自白の任意性と信用性を弾劾する必要があった。

　その弾劾方法は2つの方向からアプローチした。1つは、供述内容自体の変遷の不自然さと取調べ状況からのアプローチであり、もう1つは、前記諸々の非供述証拠や体感実験と供述内容の乖離を尋問自体に組み込んだアプローチであった。

Ⅳ　判決

1　判決の要旨

　被告人は無罪であった。理由は次のとおりであった。

(1) 業務上過失傷害について

　被害者の路上横臥につき予見可能性や結果回避可能性を認定した、また、被告人車が被害者を車底にて強く接触させたことを認めた。
　しかし、その接触と被害者傷害との間の因果関係につき、①目撃者パトカー警察官の下車後被害者確認までの間にて後続車に気づかなかった旨の供述（前記立体駐車場防犯カメラでは複数の車が事故現場を通過している）は虚偽とは言わないが奇妙なことであると言い、②また、警察官がコンビニ防犯カメラで後続車を確認したにもかかわらず、保存に失敗しており、その失敗がなければ、後続車による接触可能性を否定することもできたということ等の特殊事情を考慮すると、捜査機関が後続車による接触可能性を否定できていないにもかかわらず、その可能性がないと言い切ることはできないとする。
　そして、結局、被害者の傷害が被告人車によるものか、後続車によるものか選択しえない、よって因果関係を認定しえないとした。

(2) 報告義務違反・救護義務違反について

　前記未必の故意の自白につき、任意性は認めるが、信用性を否定した。
　そして、見えざるものの車底の音のみで、重大な物損が生じているとか、ましてや、人損を起こしているとか想起することは著しく困難とし、その困難を克服すべき特段の事情もうかがわれないとして、未必の故意の自白は信用できない、その他に未必の故意を認定しうる証拠はないとして、道路交通法違反をいずれも否定した。

2　判決に対する感想

　捜査機関のあまりに杜撰な捜査方法に捜査機関が収集した証拠の証明力に限界があるとし、合理的な疑いが残ることを明らかにした事実認定と思う。
　とくに、判決理由中で、見えざるものの扱いにつき、音と振動の体感のみからの推測可能な認識範囲を限定したのは、検証にて、車底での衝突が運転席の被告人にどのように体感されるかを実験したことが大きく影響していると思えた。

3　控訴

　検察官は控訴しなかったため、一審の無罪判決が確定した。
　検察官が控訴しなかった理由については、捜査機関の捜査方法につき、弁護

団の知りえない理由が存在するのではないかとの疑いさえも抱かせるほど、捜査機関の捜査方法の杜撰さ、決めつけには目にあまるものがあった。

V 弁護を終えての感想

　判決は、疑わしきは罰せずの理念を本件事件において具体的に論理的に明確化したものと思う。

　五感は本人にとっては直接的で明白であるが、客観化・数量化が極めて困難、この困難を克服する方法は検証である、検証は真実探究においては極めて重要である。検証の採否と準備は裁判を方向づけるといっても過言ではない。

　真実探求の方法は、事件ごとに特有の要素もあるが、すべてに共通する基本的な方法が必ず存在すると思う、本件をその基本的な真実発見の方法論の確立のための資料の一つにしていただければ幸いである。

（しんかわ・とものり／広島弁護士会）

ケース❺

裁判所の検証において
事故状況を再現する難しさ

彦坂幸伸

> 駐車場から左折して車道に出た被告人車両が、路上に横臥していた者を礫過して死亡させた事案。人間工学上の専門的意見、現場検証による再現実験を用いて視認可能性の限界など過失の有無について争ったが有罪が言い渡された（一審確定）。

Ⅰ 事案の概要

　本件は、X氏（被告人）が、普通乗用自動車を運転し、マンションの屋外駐車場から車道に出て左折進行したところ、駐車場出入口付近の車道上に泥酔して横臥していたY氏（被害者）に気づかず、同人を礫過し、同人が死亡したという事案である。本件現場は住宅街で、車道脇にはガードレールが設置された歩道もあり（図表参照）、おおよそ横臥者がいるとは考えられない場所であった。

　X氏は、駐車場から車道に出るにあたり、車両をいったん停止させ、左右の安全を確認した（図表❺地点）。X氏は、左折しながら車道に進行した（図表❻地点）。その際、左前輪にガタンという衝撃があった。X氏は、左前輪が縁石の切れていない箇所を通ったために、車道との段差でそのような衝撃があったのだと思い、そのまま進行した。

　その後、X氏は、ふと縁石の切れていない箇所を通ったための衝撃だったのだろうか、と疑問に思った。いつもどおりに車道に出たのであり、縁石の切れている箇所から車道に出たはず、という思いがよぎったからである。X氏は、現場に戻って確認することにした。

　X氏が現場に戻ると、救急隊員および警察官が臨場しており、Y氏が救急車に乗せられていた。X氏は、左前輪に感じた衝撃は人を轢いたものだと認識し、警察官に対しその旨を告げ、逮捕された。Y氏は近隣病院に搬送され、その後さらにA病院に搬送されたが、内臓破裂による出血性ショックで死亡した。

　X氏は、20日間勾留された後、処分保留で釈放され、釈放の約3ヵ月後、自動

図表　事故現場見取図

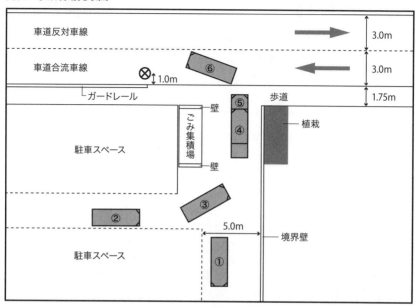

車運転過失致死ならびに道路交通法違反（救護義務違反および事故報告義務違反）で起訴された。

II　公訴事実

本件の公訴事実は、次のとおりである。

被告人は、

第1　平成〇年〇月〇日午前〇時〇分ころ、普通乗用自動車を運転し、〇市〇区〇所在の駐車場から同所先に設置された歩道を横断して同所先道路に左折進行するに当たり、同駐車場出口左側は、同所に設置されたガードレールなどが障壁となって、同出口左側直近の路上の見通しが困難であったから、同駐車場出口直前ないし付近で、自車を最徐行ないし一時停車させた上、同出口の左方向を注視して、同出口左側直近の路上の安全を確認して進行すべき自動車運転上の注意義務があるのに、同出口方向を注視せず、同出口左側直近の安全確認を怠り、折から、同出口左側直近の路上に横臥していたＹ（当時〇歳）

に気づかないまま、漫然、時速約10キロメートルで左折走行した過失により、被告人運転車両車底部で前記Yをれき圧するなどし、よって、同人に胸腹部れき圧による内蔵破裂の傷害を負わせ、同日午後〇時〇分ころ、〇市〇区〇所在のA病院において、同人を前記傷害により死亡させた

第2　前記日時・場所において、前記車両を運転中、前記のとおり、前記Yに傷害を負わせる交通事故を起こし、もって自己の運転に起因して人に傷害を負わせたのに、直ちに車両の運転を停止して、同人を救護する等必要な措置を講じず、かつ、その事故発生の日時及び場所等法律の定める事項を、直ちに最寄りの警察署の警察官に報告しなかった

ものである。

Ⅲ　過失に関する弁護側の主張

　弁護側は、(1)自動車運転過失致死罪について、①X氏には一般運転者が果たすべき注意義務を果たしていたから過失がない、②X氏がY氏を礫過した行為とY氏との死亡との間には因果関係がない（二重礫過）、(2)道路交通法違反について、X氏には故意がない、として、無罪の主張をした。
　本稿では、主に自動車運転過失致死罪の過失について述べることとする。
　過失に関する弁護側の主張の内容は、次のとおりである。
・駐車場から道路に左折進行するにあたり安全確認をすべき地点において、横臥者は物理的に見えなかった。
・安全確認をすべき地点において、運転者が身体を大きく上下前後左右に動かしたりするなどすれば横臥者の身体が物理的に視野に入るが、通常の運転者がそのような体勢をとることはありえない。
・仮に、安全確認をすべき地点において、運転者が通常とりうべき体勢で横臥者の身体が物理的に視野に入ったとしても、通常の運転者が横臥者に気づくことはできなかった。

Ⅳ 弁護活動

1 捜査段階

　弁護人との初回接見において、X氏は、車道に出る際には一時停止して左右の安全確認をしたがY氏にはまったく気づかなかった、左前輪に衝撃があったときには人を轢いたとはまったく思っていなかった旨述べていた。

　弁護人は、供述調書に署名・指印をしないようアドバイスした。X氏は、人を死なせてしまったとの思いから大きなショックを受けていたが、署名・指印しないことの意義はよく理解してくれた。

　検察官による取調べでは、X氏に対してさまざまな恫喝や揺さぶりがあったようである。しかし、あらかじめX氏と弁護人の間で取調べのシミュレーションをしていたため、X氏は、「検察官が言うことは全部、先生からあらかじめ言われていたことだった」と言い、余裕をもって取調べに対応できたとのことだった。初回接見以降、X氏の供述調書に署名・指印がされることはなかった。

　X氏は、20日間の勾留の後、処分保留で釈放された。

2 弁護人による再現実験

　起訴後、赤坂裕志弁護士と大道智子弁護士が弁護人に加わった。

　弁護人らは、運転席から路上横臥者がどのように見えるかを確かめるべく、本件車両の仮還付を受け、本件現場での再現実験を行うこととした。

　本件では、X氏が車道に出るまでに駐車場内をどのような走行ルートで通ったか、また、どこで車両を一時停止させたかは、X氏の記憶によるほかなく、おおよその位置はわかるものの、ピンポイントで位置を特定することはできなかった。また、Y氏がどこに横臥していたのかも、X氏が左前輪に衝撃を感じたということ以外に手がかりはなく、やはり正確な位置を特定することはできなかった。

　轢過後に路上に横臥していたY氏を目撃した者は複数いたし、救急隊員も臨場していたが、目撃者らや救急隊員は、Y氏が轢過されて横臥しているのを泥酔者の寝込みとしか思っていなかったためか、どの位置にY氏が横臥していたかの供述はなかった。捜査機関も、Y氏が横臥していた位置は、X氏が左前輪に衝撃を感じた位置付近としていた。

　再現実験は、横臥者の位置と、走行ルート・一時停止位置を少しずつ変えなが

ら何度も行うこととしたために、長時間に及ぶこととなり、数日にわたったが、次のことが明らかになった。

① 車両を一時停止した地点（**図表⑤地点**）までの走行中（**図表①〜④地点**）に、横臥者がフロントガラス越しに見えることはない。横臥者や横臥者の体の一部が助手席窓やその三角窓から見えるときがある。しかし、この走行中は、駐車場内に歩行者がいないかに注意を払うことはあっても、道路上に目が行くことはありえない。そのようなことをすれば、単なる脇見運転で危険極まりないし、左側にあるごみ集積所壁や右側にある境界壁に車体をぶつけてしまうだろう。

② 車両を一時停止した地点（**図表⑤地点**）では、横臥者は見えなかった（**写真3**）。また、一時停止した地点から車両を進ませても、横臥者は見えなかった。ただ、車両の位置が異なると、横臥者の体の一部が三角窓越しに見えることもあった。車両が左に位置すれば（横臥者と近い）見え、右に位置すれば（横臥者から遠い）見えない、という単純なものではなく、しかも、車両の位置がたとえば10センチ異なるだけでも、横臥者の見え方は異なった。

「疑わしきは被告人の利益に」とすれば、横臥者は見えなかったというべきであろうし、たとえ三角窓越しに横臥者の体の一部が見えていたとしても、運転者が注意を払うのは歩道や路上の左右で、下方を見るために三角窓を注視することは考えられないと感じた。

この再現実験で、本件は、X氏でなくても誰であっても、X氏と同じようにY氏を轢いていたに違いない、と確信した。

3 人間工学に基づく鑑定

しかし、通常の運転者であればY氏を発見しえなかったということについては、弁護人の主張だけでは裁判所に対する説得力として弱い。一時停止地点に至る前の走行中、横臥者の体を見ることができたのだから横臥者に発見できたはずだとか、一時停止地点で運転者が体を上下前後左右に動かして横臥者を確認すれば横臥者を発見できたはずだとかいった認定をされることも十分考えられる。また、再現実験では、一時停止地点で、横臥者の姿がまったく見えなかったが、車両の位置によっては、三角窓越しに横臥者の体の一部を見ることができた。裁判所が、車両の位置によっては、三角窓越しに横臥者が見えたという点を捉えて、過失を認定してしまうことも考えられる。

写真1

運転席の右側にある植栽。

写真2

一時停止した位置からの右側の視認状況。

写真3

一時停止した位置からの左側の視認状況。

写真4

一時停止した位置からは横臥者が見えない。

そこで弁護人らは、通常の運転者であればY氏を発見しえなかったことを科学的に裏づけるため、人間工学による事故分析の専門家である堀野定雄神奈川大学客員教授に対し、本件における横臥者の視認可能性についての私的鑑定を依頼した。人間工学とは、機械・環境・管理システム等を、人間の生理学的・心理学的特性等に整合するように設計する学問で、人間工学を用いた事故分析や再発防止策策定が行われている。

　堀野教授は、自らX氏からの聴取を行ったうえ、弁護人らとともに本件現場での複数回の再現事件を行った。堀野教授の鑑定意見は、概要次のとおりであった。
① 　運転者が車両を路上に移動させるまでに、6つの作業（タスク）がある。
・1番目のタスクは、車両をバックさせながら、いったん停止するまで（**図表①**地点→**②**地点）。
・2番目のタスクは、徐行前進して駐車場出入口手前まで（**図表②**地点→**③**地点→**④**地点）。
・3番目のタスクは、運転者の右側にある植栽による死角（**写真1**）がなくなるまで最徐行し、主に、植栽による死角から歩行者等が来ないかに注意を払う場面（**図表④**地点→**⑤**地点）。
・4番目のタスクは、主に、右側を見て、合流車線に接近車両がないかを確認する場面（**写真2**・**図表⑤**地点）。
・5番目のタスクは、主に、左側を見て、反対車線に接近車両がないかを確認する場面（**写真3**・**図表⑤**地点）。
・6番目のタスクは、主に、自車両を進行させる合流車線上を確認し、車道に進入してゆく場面（**写真4**・**図表⑥**地点）。
② 　1〜5番目のタスクで、運転者が横臥者を視認する可能性はない。人は、タスクの機能上必要がない対象を視認することはない。
③ 　6番目のタスク以降では、横臥者は物理的に見えない。運転者が、意識的に横臥者を確認しようとして、伸び上がったり、のぞき込んだりなどすれば、物理的に見えるが、本件においては、駐車場出入口付近に横臥者がいることはまったく予知できない状況であった。運転者は、横臥者がいるかいないかを確認するために、伸び上がったり、のぞき込むなどの行動をとることはない。本件駐車場から出ようとする車両の運転者たちを観察してみたが、やはりそのような行動をとる者はいなかった。横臥者が、車両からもっと離れた位置にいたならば、通

常の前方視界で補足され、異変に気づいて事故を未然に防げたかもしれないが、本件において、通常の運転者が横臥者に気づくことは不可能であった。
④　人の視覚について、中心視と周辺視がある。中心視は、視野の中心から半径約5°以内の視野で、空間的情報処理を担い、対象の形状や色を認識できる領域であるが、周辺視は、対象を認識するという機能の点ではるかに劣っている。周辺視にある対象に気づく(注意が向く)ためには、その対象に、明暗の変化や、動きなどがあることが必要である。
⑤　本件は、車両の直近前方・左側運転視界という機械的要因、ならびに、合流車線の安全確認上必須条件である右側運転視界を妨害する植栽、ガードレール、合流する車道の幅員など環境要因が複合して運転タスクを構成し、宿命的な視環境要因が重なって発生したと言える。本件は、通常運転ではありえない状況下で発生したもので、X氏の不注意で事故に至ったものではない。

V　公判の経過

　近時、裁判所は整理手続に付することに消極的であるように思われるが、当時は裁判所の理解があり、香川礼子裁判官は弁護人の申入れを受け、第1回公判において本件を期日間整理手続に付した。
　第1回公判後、警察は路上横臥者の視認状況に関する再現実験をし、検察官は、その実況見分調書を請求証拠として追加した。X氏は事件当初から、車両を車道に進めるにあたって左右の安全確認をした、Y氏の姿は見当たらなかった旨一貫して述べており、本件では視認可能性を中心とした過失の有無が問題となっていた。にもかかわらず、検察官は、横臥者の視認状況に関する捜査をしないまま、公訴提起をしていたのであった。
　検察官は、この実況見分調書を立証の柱とした。しかし、この実況見分調書によっても、車両を一時停止した地点（**図表⑤**地点）では、横臥者はまったく見えないとされていた。その約1メートル手前の地点で横臥者の臀部の一部が三角窓越しに見え、約2メートル手前の地点で横臥者の背中の一部と頭部の一部が三角窓越しに見えるが、約3メートル手前の地点では横臥者はまったく見えないとされていた。また、一時停止した地点から車両を進ませても、横臥者は見えないとされていた。

2回の打合せ期日と2回の期日間整理手続期日を経て、本件は合議事件とされた。裁判長となった久我泰博裁判官は、最終的には検証が必要となるのではないかとの考えを示した。

　弁護人らは、検証の経験がなかったことから、赤坂弁護士と交流がある高山俊吉弁護士にアドバイスをお願いした。高山弁護士からは、「見えるか、見えないか」だけの検証になるおそれがあり、それは避けなければならない、しかも、裁判官は横臥者がいることをあらかじめ知っており、本件当時のX氏の立場に立って通常の運転者が横臥者に気づけたかという視点でものを見ることができないものであるから、堀野氏の証人尋問および鑑定書の取調べを検証に先行させ、裁判官に注意喚起をしておく必要があるなど、多くの貴重なご意見を頂戴した。

　第8回期日間整理手続で整理手続はいったん打ち切られた。第2回公判期日において、検察官および弁護人の冒頭陳述がなされ、第3回から第7回公判期日にかけて、検察側請求書証および堀野氏の鑑定書の取調べ、証人尋問が行われた。

　検察側証人は、再現事件にかかる実況見分調書を作成した警察官、横臥者の位置等に関する実況見分調書を作成した警察官、本件当時臨場していた警察官などの計7名であった。再現実験にかかる実況見分調書を作成した警察官が、反対尋問において、（自分であったらこの事故を避けられたかというと、横臥者は）「見えなかったのかなって感じですね」と供述する一幕もあった。

　弁護側証人は堀野教授であった。堀野教授は、前記の鑑定意見について、具体例を挙げながら、わかりやすく証言してくれた。検察官の反対尋問にもいささかも揺らぐところはなかった。

　また、裁判所が検証を行うについての注意喚起もしてくれた。本件は、運転者の一連の作業の中で起こった出来事であるから、一時停止した地点という、時間軸をトリミングしていかにもそれがすべてであるようなコンセプトで行うのは適切でない。また、裁判官は、当時横臥者がそこにいたという事実を知っているから、バイアスがかかっている。仮に、裁判官から横臥者が見えたとしても、まったく事情を知らない運転者が同じように見えたとは言えない。堀野教授はそのように証言してくれた。

　堀野教授の証人尋問後、事件は再び整理手続に付された。久我裁判長は、検察官が立証の柱とする実況見分調書では、有罪の心証には至らないと述べ、検察官が検証請求をすることとなった。第13回期日間整理手続の後、検証が実施さ

れた（整理手続で策定された検証実施案と、検証当日の実施状況は、後述する）。第16回期日間整理手続にて整理手続は終了した。

　第8回公判期日は、検証結果の顕出、弁護側の書証等（人間の視認能力に関する文献）、弁護人の再現実験動画（運転者の眉間に360°カメラを設置しながら運転し、運転者の視野状況を撮影したもの）の取調べおよび被告人質問が行われた。第9回公判期日は、論告および弁論が行われた。

　なお、本件では、事件が再び整理手続に付された第7回公判後、検察官の訴因変更請求がなされた。公訴提起から1年8カ月後のことであった。前記の公訴事実は、訴因変更後のものである。

　変更後の訴因には、「ガードレールなどが障壁となって、同出口左側直近の路上の見通しが困難」、「同駐車場出入口直前ないし付近で、自車を最徐行ないし一時停車させた上」との点が加わっている。また、訴因変更前は、「前方左右を注視し、進路の安全を確認して進行すべき」とあったのが、「同出口左側直近の路上の安全を確認して進行すべき」に変更されている。本件現場の状況に照らして、視認状況が悪かった点を具体的に挙げ、だからこそ、横臥者のいた場所をよくよく注意すべきであった、という趣旨と考えられる。

　もっとも、検察官が訴因変更請求をした理由は、過失に関する点よりも、死亡との因果関係に重きがあったように思われる。変更前の訴因では、Y氏は、X氏の車両左前輪で胸腹部を礫過されて内臓破裂の傷害を負って死亡したとされていたのを、車底部での礫圧に変更している。これは、X氏が車両左前輪でY氏を礫過したことはほぼ間違いないが、身体の枢要部を礫過したことはない（車両の痕跡やY氏の負傷状況に基づく）との弁護側主張に対し、従前訴因を維持できなかったということである。

　弁護側は、訴因変更を不許可とすべきとの意見書を提出したが、期日間整理手続において訴因変更は許可された。

VI 検証

　検証の実施方法等については、期日間整理手続において、概要次のとおり定められた。

・検証事項は、本件駐車場出入口付近における被告人車両運転席から進行方向

左側路上の視認状況とする。
・車両前後の位置は、①歩道に車両先端部がかかる位置、②歩道の中心地点に車両先端部かかる位置、③車道に車両先端部がかかる位置、とする。
・車両左右の位置は、ⓐ右側、ⓑ中央、ⓒ左側、とする。
・被害者役の位置は、被告人が衝撃を感じたという車両左前輪の位置付近で、検察官および弁護人がそれぞれ指定する位置とし、被害者役の位置を固定して行う。
・視認・撮影は、合議体を構成する裁判官全員が交代しながら行う。
・記録は、ビデオカメラ2台で撮影し、運転席からの視認状況と、その際の運転者の体勢とを同時に記録する。車両の位置等その他の事項もビデオカメラによる撮影とし、検証調書の記載事項は、なるべく簡潔なものとする。
・被害者役は、被害者と体格の似た男性を、検察官から司法警察職員に依頼して用意する。

　しかし、これらの検証実施方法では、まさに、「時間軸をトリミングしていかにもそれがすべてであるようなコンセプトで行う」ものであり、「見えたか、見えないか」だけの検証になるおそれがあった。また、弁護人は何度となく再現実験を行ったが、「この地点に車両を置き、この地点に横臥者を配置すれば、確実に横臥者が見えない」という地点を特定することはほとんど不可能であった。そのため、弁護人は、上記検証に反対していた。ただ、裁判所は、弁護人の主張にもある程度理解を示し、裁判長が当時の被告人と同様に駐車場内を実際に運転し、運転者としての体感をすることとした。

　検証は、約3時間にわたって行われた。

　検証当日、上記実施方法に何点か変更があった。検察官が用意した被害者役の警察官の体格が被害者と著しく違って大柄だったため、被害者役は検察官が行うこととなった。また、車両を右側に置いての検証をしたところ、時間がかかるということで、車両をⓑ中央の位置に置いての検証はしないこととし、車両をⓒ左側に置いて検証する際は、検察官が指定する位置には被害者役を置かないこととした（検察官は、期日間整理手続において、被告人にとって最も見えにくい位置に被害者役を置くとして、弁護側が被害者役の位置を指定する必要はないなどと主張し、弁護側が指定した被害者役位置での検証実施に反対していた。しかし、検証当日、検察官が指定した被害者役の位置は、実況見分調書の被害者位置と

比べてかなり車両から遠い位置であり、車両運転席から見えやすいものであった）。

　検証の結果は、概要次のとおりであった。なお、裁判官の身長は不明であるが、弁護人が見たところによれば、左陪席が最も高く、次いで裁判長、右陪席、である。裁判長の身長が最もX氏に近かった。

⑴　車両位置が右側のとき（車両が右側境界壁にぶつからないようにして進行させたぎりぎりの位置）

車両の位置	右陪席	裁判長	左陪席
①歩道に車両先端がかかる位置	フロントガラス左下に背中・下半身の一部が見える。身を乗り出すと、フロントガラス左下にほぼ全身が見える。	見えない。身を乗り出すと、フロントガラス左下にほぼ全身が見える。	見えない。身を乗り出すと、フロントガラス左下にほぼ全身が見える。
②歩道の中心付近に車両先端部がかかる位置	三角窓から左肩や頭部が見える。身を乗り出すと、フロントガラス左下に、ぎりぎり見える。	三角窓から頭部の一部が見える。身を乗り出すと、見えない。	三角窓から頭部の一部が見える。身を乗り出すと、見えない。
③車道に車両先端部がかかる位置	見えない。身を乗り出すと、三角窓から左肩と頭部の一部が見えるが、さらに乗り出すと、見えない。	見えない。身を乗り出すと、三角窓から左肩と頭部の一部が見えるが、さらに乗り出すと、見えない。	見えない。身を乗り出すと、三角窓から左肩と頭部の一部が見えるが、さらに乗り出すと、見えない。

⑵　裁判長の運転走行による検証

　裁判長が実際に運転走行して検証をした。裁判長は、車両が歩道にさしかかる前の段階の走行中、横臥者がはっきり見える、とした。

⑶　車両位置が左側のとき（車両が、左側ごみ集積所にぶつからないようにして進行させたぎりぎりの位置）

　被害者役位置は、車両右側の検証時よりも、約50センチ車両より遠い位置とした。

車両の位置	右陪席	裁判長	左陪席
①歩道に車両先端がかかる位置	三角窓から、ガードレールの下の隙間に、頭部や左肩等の一部が見える。身を乗り出すと、フロントガラス左下に見える。	三角窓から、頭部が少し見える。身を乗り出すと、臀部と脚が見えるか見えないかで、見えにくい。	三角窓から、ガードレールの下の隙間に、頭部や左肩等の一部が見える。身を乗り出すと、見えない。
②歩道の中心付近に車両先端部かかる位置	見えない。身を乗り出しても、見えない。	見えない。身を乗り出しても、見えない。	三角窓から、ガードレールの右側に臀部が少し見えるが、体かどうかはわからない。身を乗り出すと、見えない。
③車道に車両先端部がかかる位置	三角窓から、頭部と背中等の一部が見える。身を乗り出しても、見える。	三角窓から、頭部と背中等の一部が見える。身を乗り出しても、見える。	三角窓から、頭部と背中等の一部が見える。身を乗り出しても、見える。

Ⅶ 判決

　判決は、懲役10月、執行猶予3年であった（求刑は懲役2年）。
　裁判所は、自動車運転過失致死罪・道路交通法違反のいずれについても、公訴事実記載のとおりの認定をした。
　過失についての判決理由は、概要次のとおりであった。
・検証の結果によれば、右寄りのルートでは、通常の姿勢や、無理なく行うことができる程度に身を乗り出す姿勢をとることでは、仮想被害者の視認が不可能ないし困難な地点があったものの、他方、駐車場内の走行中、歩道に車両先端がさしかかるよりも前の段階で車両正面にその姿がはっきり見えてしまうことが判明した（筆者注：検証では、上記のとおり、裁判長が運転しての検証をしたが、通ったルートは、右側車両位置への走行ルートではない。また、走行中、助手

席窓から横臥者が見えたことはあったが、車両の正面に横臥者が見えたことはなく、記録ビデオによってもそのような場面はない）。したがって、この位置に被害者が横臥していたとすれば、被告人としては、車両先端部が歩道にさしかかる地点までに、極めて容易に被害者を視認することができたと考えられることから、この位置に被害者がいたとは考えがたい。

・仮想被害者の位置を変えて行った、左寄りのルートの検証では、車両先端部が歩道と車道の中間の地点だと、被告人車両運転席から仮想被害者の姿はほぼ視認できなかった。しかし、車両先端部が歩道にかかる地点だと、助手席三角窓から仮想被害者の姿を視認でき、車両先端が車道にかかる地点でも視認することができた。

・検証結果に加え、実況見分の際に、被告人運転車両から仮想被害者を複数の地点で視認することが可能であったことを考慮すれば、被告人が、ルート上のいずれかの地点では、普通の体勢、又は、運転席から身を乗り出す程度の動作によって、被害者を視認することが可能であったと推認できる。

・証人堀野が専門とする人間工学的立場から理論的に分析すると、堀野鑑定の1番目ないし6番目タスクのように分析できるのかもしれない。しかし、ここで問題としているのは、法的注意義務（法的予見可能性）の有無であり、その見地からすれば、上記タスクの順番は前後することがないとか、6番目タスクに至る前には、およそ全ての運転者の意識が車道に向かず、車道上の安全確認をすべき段階になく、するべきでもないなどという議論は、余りにも極端な考え方というほかなく、到底賛同することはできない。仮に6番目タスクの段階では被害者を物理的に視認することがそもそも不可能だというのであれば、そのような死角の存在する車両を運転する以上、車道にさしかかる以前に自車の進路に当たる路上を確認することが自動車運転者に課される注意義務の内容とならざるを得ないというべきである。ただ、人間がいかなる点に注意を向けがちであり、逆にいかなる点の注意が疎かになりがちであるかなどということを、段階を区切って分析をすることは、非常に示唆に富むものであると考えられる。過失が存在する場合に、その注意義務違反の程度を検討するに当たっては、人間工学の観点は参考になり、情状において考慮の対象になるものと考えられる。

・被害者を視認する可能性があったかどうかについては、弁護人の指摘するとおり、人間の認知能力や心理状態の特性等を踏まえ、バイアスを排除して慎重に

判断すべきなのは当然である。しかし、他方で、事故の車両の進路にあたる車道上の安全確認は、自動車運転者として常に注意を向けていてしかるべきであり、実際に、無理な姿勢をとらなくても被害者を視認することが可能と認められる以上、人間の認知能力や心理状態を考慮してもなお、被告人にとって被害者を視認することが著しく困難であったとはいえないと認められる。

・したがって、被告人には、自動車運転者としての注意義務違反、すなわち過失があったものと認めるのが相当である。

・（量刑の理由について）裁判所は被告人の過失を認定し、結果も重大といえるものの、被告人にとって被害者の姿を視認することが相当に困難であったことは否定できないところであり、その注意義務違反の程度はかなり低いというべきであるし、事故当時、被害者は泥酔して車道上に寝ていたのであり、被害者自身にも重大な落ち度があったといわざるを得ず、遺族に対しては、任意保険を通じて相当額の補償がなされる見込みもあり、自動車運転過失致死の事案としては、非常に軽い部類に属するものと考えられる。

なお、道路交通法違反については、裁判所は故意を認定したが、検察側目撃証人の証言の信用性を否定して、被告人の認識は未必的なものにとどまるとした。また、自首も成立するとし、轢き逃げ事案としてみれば有利に斟酌すべきとした。

VIII おわりに

X氏は控訴を希望せず、上記判決は確定した。

弁護人の主張は容れられなかった。裁判所の「事故の車両の進路にあたる車道上の安全確認は、自動車運転者として常に注意を向けていてしかるべき」、X氏がどのようなルートを通ったにせよ、「ルート上のいずれかの地点では、普通の体勢、又は、運転席から身を乗り出す程度の動作によって、被害者を視認することが可能であった」との認定は、人間の能力に関する科学的考察を無視するもので、現実の運転者のなしうる行動とはかけ離れたものと言わざるをえない。刑法が一般国民を基準とする行為規範であることからすれば、本件判決が認定したような注意義務が運転者に課せられてよいはずはない。

他方で、裁判所が過失を認定したのは、検証において、車両位置左側・車両先端部が車道にかかる位置で、3人の裁判官から横臥者が見えたということが、心

証に大きな影響を与えたためのように思われる。警察の実況見分においては、一時停止した地点、および、そこから車両を進ませた地点では、横臥者は見えないとされていた。堀野教授が行った再現実験においてもそうであったし、弁護人が行った再現実験でも、横臥者と車両の位置関係によっては三角窓越しに横臥者の身体の一部が見えることがあったが、見えないことが多かった。横臥者の見え方は、三角窓の形状、サイドミラー、ピラー、ガードレール、運転者のアイポイントが複雑に関係するうえ、横臥者の位置や車両位置のみならず、横臥者が車両に対してどのような角度で横臥していたか、車両の車道への進入角度、タイヤの空気圧や乗車した人数による車高の変化などで、相当に変化する。検証は、何度も行った再現実験のうちでも、かなり見えたケースであった。検証時に、横臥者が見えなかったことを再現できれば、結果は異なったかもしれない。検証は1回きりであり、その1回で有罪の心証が生じたとすれば、残念でならない。弁護人にとっては、検証時に横臥者が見えなかったことを再現する方法はなかったのか、今もなお、自問している。

(ひこさか・ゆきのぶ／神奈川県弁護士会)

ケース⑥
被害者・目撃者の供述と「突合せ捜査」への疑問を提示

高部道彦

> 交差点を左折中の自動車が交差点出口の横断歩道を横断中の自転車に衝突し自転車運転者を負傷させた事案。被告人車両と被害自転車の損傷状況が一致しているという検察側の突合せ鑑定の信用性が否定され、無罪が言い渡された事件（一審確定）。

I はじめに

　本判決は、さいたま地方裁判所第1刑事部が、平成25年5月10日、自動車運転過失傷害罪、道路交通法違反被告事件（平成22年（わ）第884号、以下「本件」という）に関し、被告人に対し、無罪を言い渡した事案（判例集未登載）である。本件は、平成25年5月11日付埼玉新聞に「さいたま地裁判決『捜査に疑問』指摘」の見出しで報道されたほか、同日付東京新聞にも、「地裁判決『捜査ずさん』と苦言」の見出しで報道された。

　本件において、捜査機関および捜査機関が嘱託した鑑定人が行った、被疑車両の損傷部位と被害車両の損傷部位が一致するか否かの検証・鑑定は、捜査機関によるものであれ、鑑定人によるものであれ、被疑車両の損傷状況と被害車両の損傷状況を静的に突き合わせる作業によって、被疑車両と被害車両の損傷状況の一致の有無を判断する、いわゆる「突合せ捜査」の手法によって行われている。この検証・鑑定手法は、捜査側が、力学的・物理的観点はもとより、衝突箇所の物性（材質）等について考慮することなく、ひたすら被疑車両の損傷部位と被害車両の損傷部位を突合せ、被疑車両の損傷部位と被害車両の損傷部位が両車の衝突によって生じる可能性があると判断した場合には、「損傷状況が一致した」との結論を導くものである（後記捜査機関側の鑑定人による証人尋問の結果を参照願いたい）。

　しかるに、本件は、裁判所が、後記のとおり、捜査機関による、「突合せ捜査」による被疑車両の損傷部位と犯行車両の損傷部位が一致したとする立証方法に

図表　事故現場見取図

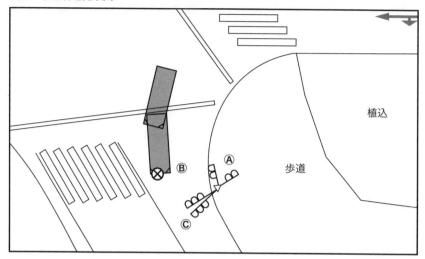

強い疑問を投げかけ、その信用性を否定した事案であるところ、捜査機関は、本件後も、「突合せ捜査」による立証を引き続き行っていると考えられる。

本件は、このような「突き合せ捜査」による検証・鑑定に裁判所が強い疑問を投げかけた事案であることが、実務上最も参考となる論点と考えられるが、それ以外の事実認定上の問題に関しても、実務上参考となる諸点が含まれていると思われるので、紹介することとしたい。

Ⅱ　本件公訴事実の要旨

被告人は、①平成20年9月30日午後6時30分頃、普通乗用自動車（白色、ホンダフィット）を運転し、埼玉県川口市内の交差点を草加市方面から川口市西青木方面に向かい、時速約10キロメートルで左折進行するにあたり、左折方向出口には横断歩道が設けられていたから、前方左右を注視し、横断歩道上を横断する自転車等の有無およびその安全を確認しながら進行すべき自動車運転上の注意義務があるのに、これを怠って漫然と上記速度で進行した自動車運転上の過失により、横断歩道上を**図表Ⓐ**地点から右方に向かい横断してきたV運転の自転車右側面部に自車前部を衝突させてVを自転車もろとも**図表Ⓒ**地点路上に転倒させ、

よってVに全治まで約10日間を要する頸椎捻挫等の傷害を負わせるとともに、②Vに傷害を負わせる交通事故を起こしたのに、Vを救護するなど必要な措置を講ぜず、かつ法律の定める事項を直ちに最寄りの警察署の警察官に報告しなかった。

Ⅲ 検察官の主張

　検察官は、公判前整理手続において「証明予定事実記載書」の「被告人が犯人であることを根拠づける事実」として以下の主張を行い、論告においても、後記④の主張を除き、同様の主張を行った。

1　本件犯行車両＝被告人管理車両であること
①　犯行使用車両は、目撃者の供述から、白色のホンダフィットに似た形状で、ナンバーの下4桁は「××××」である。他方、被告人管理車両は、ナンバーが、「所沢123そ××××」（ナンバーの下4桁が一致）のホンダフィットである。
②　被告人管理車両は、平成20年10月17日に発見されたとき、ボンネットが凹損し、ボンネット上に黒色の擦過痕が存し、車両前部のナンバープレートが変形し、前部スカート部分に擦過痕があった。
③　被告人管理車両の前記損傷と、被害者の自転車を突き合わせたところ、損傷個所の位置や状況と自転車の形状等が一致した。
④　被害自転車の前輪泥よけステーに付着していた塗膜片と被告人管理車両のナンバープレートから採取した塗膜片を鑑定したところ、両者は色および材質が類似していて、同種のものと認められた。

2　本件犯行車両を運転していたのが被告人であること
⑤　被告人管理車両は、被告人のみが使用していた車両である。
⑥　被告人は、被告人管理車両を運転して、平成20年9月30日午後7時頃、本件事故現場付近の営業所に到着した。
　なお、⑥について補足すると、被告人が、犯行当日の夕刻（営業所への到着時刻には争いがあり、弁護人は、営業所到着時刻を本件事故が発生した午後6時30分頃と主張している）に、被告人管理車両を運転して、本件事故現場付近の営業所に到着したことに争いはない。

ところで、検察官は、前記1④の主張を公判前整理手続の段階で請求証拠とともに撤回した。本判決は、この点について、被害者供述の変遷の不自然性を指摘する箇所において、以下のとおり判示している。

　「なお、付言すると、第2供述の際（筆者注：後記のとおり、被害者の変遷後の供述を指す）、取調べ検察官は、Ｖに対し、被害自転車から採取された塗膜様片のものと被告人管理車両のナンバープレートから採取された塗膜片が同種の物と認められたという鑑定結果を説明しており、Ｖは、『検察官の話を聞いて、被告人が犯人に間違いないと思う』旨の供述をしていた。ところが、本件の公判前整理手続の中で、被告人管理車両のナンバープレートは、車両メーカーとは別個の専門業者が製造したものであり、その業者は製造したナンバープレートを埼玉県内や東京都内の陸運局に大量に納入していたことが判明し、上記の鑑定結果は、犯行車両と被告人管理車両との同一性を推認させる根拠にはなり難いことが明らかとなった。そこで、検察官は、この点に関する主張及び証拠請求をすべて撤回した」。

Ⅳ　目撃者供述の信用性について

1　判決要旨

　本判決は、本件事故の目撃者供述の信用性に関し、次のとおり、犯行車両が被告人管理車両であるホンダフィットと同一の車種であるとは認定できないと判示した。

　「本件事故を目撃したＡは、証人として出廷した際『犯行車両の車種や車体の色登録番号について、今は覚えていない』旨述べ、犯行車両の特徴については『ハッチバック式の車、トランクがない車』と述べただけであった。そして、検察官から『警察官調書には、110番通報した際、逃げた車の特徴として、白色のホンダフィットタイプの車、ナンバーが××××ということを伝えた、と記載されている。調書を作ったときには、自分の記憶に基づいてそのように説明したということで間違いないか』旨誘導されて、『はい』と答えるにとどまった。Ａのこのような供述状況に照らすと、犯行車両の車種に関するＡの証言は、その証明力に限界があるというべきである。

　しかも、Ａは、平成20年10月19日付警察官調書においても、犯行車両の車種に関し『私が見た車は、ホンダフィットのような車である。なぜホンダフィットのよ

うな車かというと、形的にトランクのないタイプの小型車であり、私の頭の中にホンダフィットが浮かんだからである』旨述べているだけであって、犯行車両がホンダフィットであると断定しているわけではないばかりか、ホンダフィットのような車であるとする理由についても、ハッチバックタイプの小型車であることしか指摘していない。本件事故当時において、ハッチバックタイプの小型車は、ホンダフィットのほかに、少なくともトヨタヴィッツ、トヨタイスト、トヨタパッソ、日産マーチ、日産ノート、マツダデミオ、スズキスイフトが販売されていたのに、これらの車種の中からなぜホンダフィットを選んだのかについて、Aは何ら具体的な説明をしていない。

　以上に加え、Aの上記証言以外に犯行車両の車種に関する証拠が存在しないことを併せ考えると、犯行車両の車種については、ハッチバックタイプの小型車との限度でしか認定できないというべきである」。

2　目撃者供述の信用性に関する取調べ警察官の証言内容要旨

　裁判所が上記心証を形成するうえで、目撃者Aを取り調べた警察官Pの以下の証人尋問の結果が影響を与えたことは疑いがないと思われる。

裁判長　先ほどの証人のお話ですと、Aさんは最初から自分でホンダフィットタイプの車であると言ったわけではないんですか。
P　カタログで、こんな感じの車だということで、じゃ、こういうフィットタイプの車でいいんですかという確認を取りまして、フィットタイプの車ということで、書きました。
裁判長　先ほど、そういうふうに御証言されましたよね。Aさんが車のタイプについてお話をされて、それに基づいて車のカタログを見せたところ、ホンダフィットが似ているということになって、ホンダフィットタイプということで最終的には特定し、調書にしたと、そういうことでよろしいんですね。
P　そうです。トランクがない車ということで、比較的小型な車だということは言った記憶があります。
裁判長　Aさんは、車の車種について余り詳しい方ではないんですかね。
P　そうだと思います。車名は出てきませんでしたから。

このように、Aを取り調べた警察官Pが、Aからは、犯行車両の「車名は出てこなかった」と証言していることを踏まえると、Aが、事故直後110番通報した際、犯行車両が「白色のホンダフィットタイプの車」である旨述べたとする検察官の主張に合理的な疑いが残ることは明らかである。

　なお、110番通報は通報受理の時点で警察において録音がなされることは周知の事実であるところ、弁護人が、本件公判前整理手続の段階で、本件事故車両の特定に係る客観証拠の一つとして、Aからの本件110番通報の録音媒体を開示するよう検察官に対し要請したが、検察官は「既に廃棄済み」であるとして上記録音媒体を弁護人に開示しなかった。

V　被害者供述の信用性について

　本判決は、Vが、本件事故から間もない平成20年10月5日付警察官調書では、「右側から車が来るとは思っていなかったため、避けることもできず衝突してしまった。衝突してから、私は自転車と共に転倒してしまった」旨供述していただけであって、犯行車両の損傷の有無についても「よく見ていないので分からない」旨述べていたにもかかわらず、本件事故から2年ほど後の平成22年10月4日付検察官調書では、初めて、①ボンネット側に一度上体が振られたこと、②犯行車両の車底部の下に自転車のタイヤとVの右足の一部が入り込み、押し出されたり引っ張られたりしたことを供述するとともに、公判廷において同様の証言をしたことについて、以下のとおり判示して被害者供述の信用性に疑問を投げかけた。

　「被告人が犯人であると思い込んでいたVは、本件事故から1年11か月ほど後の記憶が鮮明ではなくなった時点で上記実況見分の立ち会いなどをし、その際に初めて目の当たりにした被告人管理車両の損傷状況に暗示を受けるなどしたことから、影響を受けやすい17歳という年齢であったことも相俟って、衝突状況に関する記憶がこれらの損傷状況に符合するものに変容したのではないかとの疑いを払拭できないというべきである」。

　もっとも、この論点は、本件特有のものではなく、紙数の関係もあることから、詳細は省略する。

Ⅵ 検察側鑑定に対する評価

　本判決は、前記のとおり、「検察官は、犯行車両と被害自転車との衝突状況がVの証言するようなものであった旨主張するところ、Vの証言の証明力が上記のようなものであることに加え、他に検察官の主張に沿う証拠が存在しないことに照らせば、検察官の主張する犯行車両と被害自転車との衝突状況については、合理的な疑いを容れない程度の立証がされていないというべきである」とし、被害者供述の信用性に疑問がある以上、被害者供述を前提に被告人管理車両に本件事故の衝突状況に沿った損傷が存在するとする検察官の主張は、その前提を欠くと判示する一方、「本件では、被告人管理車両に検察官の主張する本件事故の態様（殊に犯行車両と被害自転車との衝突状況）と符合する損傷が存在するのかが中心的争点とされ、これに焦点を当てた攻防がされてきた。このような本件審理の経過に鑑み、仮に犯行車両と被害自転車との衝突状況がVの証言するようなものであったとしたら、これと符合する損傷が被告人管理車両に存在するのかについても検討することとする」と判示している。

　本判決は、犯行車両を被告人管理車両と特定するに足りる証拠に乏しく、かつ、犯行車両と被害自転車の衝突状況に関する被害者供述の信用性にも合理的な疑いが残ることを理由に、被告人管理車両が犯行車両であるとする検察官の主張は、その余の検討を行うまでもなく、その証明が不十分であって、被告人は無罪であると結論づけていると考えられ、その意味で、本件は、主戦場に行き着く前に、決着がついた事案と評価しえないではない。

　このことは、本件の起訴検察官が、「被害自転車の前輪泥よけステーに付着していた塗膜片と被告人管理車両のナンバープレートから採取した塗膜片を鑑定したところ、両者は色及び材質が類似していて、同種のものと認められた」ことを決め手として、本件を起訴し、検察官が、弁護人の指摘を受けて、上記事実にかかる証拠請求を撤回したこと、その時点では、被告人管理車両は、警察から還付され、3人の所有者に転々と転売されていたにもかかわらず（その間の損傷状況を明らかにする客観証拠はなく、かつ、被告人管理車両の前部バンパー部分の損傷は塗装による修復がなされていた。また、当然のことながら、ナンバープレートも付け替えられている）、捜査機関は、半年以上にわたる「補充捜査」を行い、当時の所有者から被告人管理車両を差し押さえたうえ、被告人管理車両の損傷状

況と被害者供述とが符合することを立証しようとしたことと無縁とは思われない。

1　検察官請求にかかるY鑑定の内容

本判決は、Y鑑定の内容を以下のとおり要約して判示している。

「被告人管理車両と被害自転車との突き合わせを行ったところ、①被告人管理車両のスカート部の損傷部位と、転倒した被害自転車の右ペダルの高さが一致し、さらに、被告人管理車両の車底部のエンジンアンダーカバー（以下、「アンダーカバー」という）にある2本の線状の損傷と、被害自転車のペダルとが一致している、②被告人管理車両のナンバープレートの凹損と被害自転車前輪の泥よけステーの高さ、被告人管理車両の右前部バンパーの擦過痕（2箇所）と被害自転車の前輪ハブ部や前籠ステーの高さがそれぞれ一致している、③被告人管理車両のボンネット上の凹損と、Vが背負っていたギターケースの上部の位置とが一致していることなどからすると、被告人管理車両に存在する損傷はVの供述する本件事故の態様と完全に一致する」。

なお、Y鑑定人は、捜査機関からの嘱託を受けて、本件による証人尋問までに約300件の交通事故解析にかかる鑑定を行い、轢き逃げ事件に関しても約30件の鑑定を行ったと証言している。

2　Y鑑定の鑑定手法に関する本判決の判示

本判決のY鑑定の鑑定手法に関する判示は次のとおりである。

「Yが被告人管理車両等の見分を行ったのは、正式に鑑定を依頼された平成22年11月5日よりも前の同年9月29日の1回だけである（Yの証言）。正式に鑑定を依頼されるか否かは、後にならないと分からない旨Y自身が証言していることに照らせば、Yは、鑑定を行うことを前提とした見分を一度も行っていないことになる。

Yが実際に見分を行った時点では、本件事故時のナンバープレートは取り替えられ、前部バンパーの擦過痕も補修されており、本件事故から間もない時点で確認された損傷を正確に視認できなかったはずである。しかるに、本件証拠上、Yが捜査官に対してその点を確認したのか明らかではない。

Yがどのようにして被告人管理車両と被害自転車との突合せを行ったのかも、本件証拠上、明らかではない。鑑定書の衝突箇所が一致したとする説明も、すべて捜査機関の撮影した写真等を引用しているにすぎない。このように、鑑定の経

過が明らかではない。

　これらによれば、Y鑑定は、その手法にも疑問があるというべきである」。

3　Y鑑定の鑑定結果に関する本判決の判示

　Y鑑定は、被告人管理車両のナンバープレートの凹損と被害自転車前輪の泥よけステーの高さ、被告人管理車両の右前部バンパーの擦過痕と被害自転車の前輪ハブ部の高さがそれぞれ「完全に一致している」としており、被告人管理車両が犯行車両であることは間違いない旨述べている。

　これに対し、本判決は、次のとおり判示して、Yおよび捜査機関が実施した「突合せ捜査」の問題点を指摘している。

　「被害自転車の前輪ハブ部は、被告人管理車両のナンバープレートの凹損と被害自転車を突き合わせたときにはナンバープレートの位置にあったにもかかわらず、右前部バンパーの2箇所の擦過痕と被害自転車を突き合わせたときには、被告人管理車両の右端に近い位置まで通常の走行する状態で立ったまま移動している。前輪ハブ部がナンバープレートの位置にあるときに被告人管理車両との衝突が始まったのであれば、被害自転車はその時点で右横から大きな力を受けることになるのであって、通常の走行する状態で立っていることが困難になったはずである。しかるに、前輪ハブ部が被告人管理車両の右端に近い位置に至った時点においても、依然として通常の走行する状態で立ったままというのは不自然というほかない。すなわち、これらの損傷は、本件事故の一連の動きの中で連続して生じたものとして検討すると、両立し得ないものである。

　被害自転車は高さも凹凸もあるから、動的要素を考慮せずに、静的に突き合わせをするだけならば、どのような損傷とも相当程度突き合わせることが可能である。現に、被告人管理車両の右前部バンパーの擦過痕は、平成21年1月14日に警察官により実施された突き合わせ捜査のときには、倒れた被害自転車の右ペダルと一致するというY鑑定とは異なる判断がされていたのである（Pの証言）。そうすると、被害自転車の本件事故時における一連の動きを考慮せず、被告人管理車両の損傷の一つを選び出して、静的に被害自転車と一致する箇所があるかを検討することには、さしたる意味はないというべきである。

　これらによれば、被告人管理車両の損傷と被害自転車の各部の高さがそれぞれ一致している旨のY鑑定の説明は、両立し得ないものを両立するものとして評

価したり、それだけではさしたる意味を持たない個別の一致を取り出したりしたにすぎないもの、といわざるを得ない」。

4　突合せ捜査に関するYの証人尋問の結果

「完全に一致する」という表現が、いかなる意味を有するのか疑問を抱かざるをえないところ、Y鑑定人は、その証人尋問において以下のとおり証言した。

弁護人　捜査機関は、被疑車両のナンバープレートと、被害車両の前輪泥よけステー右側の高さが、おおむね符合するという評価をしているんですが、おおむね符合するというのと、一致するというのとは、同じですか、違うんですか。

Y　もちろん、言葉尻は違います。

弁護人　言葉尻が違うというのは、どういう意味ですか。

Y　おおむねと、完全一致という意味では、違いがありますねということです。

弁護人　ということは、おおむね、つまり、あなたが一致すると判断したのは、捜査機関が書いてるような、おおむね符合するという状況の下に、一致するという評価を下されたという理解で正しいですかとお尋ねしてるんですが。

Y　正しいです。

弁護人　エと4の高さが近接しているという記載も、資料16の11丁目には記載があるのですが、近接するというのと、符合するというのは、同じことですか。

Y　まあ、ほぼ同じだと思います。

弁護人　どれぐらいの許容範囲なんですか。1センチですか、5ミリですか、外れてるのは。

Y　……何とも言えないですけど、まあ、5ミリでも10ミリでも、そのときの判断で、一致してると思えば。それは、上下というのは移動するものですから、だから、ほぼ一致してれば、形状も一致してれば、私の場合は、一致すると判断いたします。

（中略）

弁護人　鑑定書の6ページの写真7を示します。左側の三日月形の、要するに、穴が開いている状況があるのが確認できますか。

Y	はい。
弁護人	ここにも、確認をしたという意味で、丸く、赤で印を付けていただけますか。（タブレットを使用して赤色で記入したので、印刷して速記録末尾に4枚目として添付した）
弁護人	この傷は、本件事故とは関係がないということですか。
Y	はい、結論的には、私は関係がないと判断しました。
弁護人	なぜ、関係がないと言えますか。
Y	突き合わせて、ペダルの位置と一致する場所がないからです。
弁護人	要するに、証人は、ペダルと突合させて、合わない傷については、本件事故とは関係がないという姿勢で鑑定をされたということですね。
Y	はい、そのとおりです。

Ⅶ 弁護側鑑定に対する評価

　弁護人は、本件の反証として、交通事故解析の専門家であるT鑑定人に本件衝突状況の解析を、材料工学の専門家であるK教授に被告人管理車両の損傷および被害自転車の損傷状況を踏まえ、たとえば、自転車ペダルにより、被告人の管理車両の損傷が形成されるか等の鑑定を、それぞれ依頼した。

1　K鑑定の鑑定手法・鑑定結果に関する本判決の判示

　本判決は、この点について以下のとおり判示している。
　「Y鑑定は、経験上、アンダーカバー等の材質からすると、ペダルの端の鋭い部分が接触すれば、本件車底部の損傷のような損傷が生じることは可能である旨説明する。

（中略）

　他方、本件車底部の損傷が被害自転車との衝突の際に形成されたものかについて鑑定を行ったK鑑定人（以下「K」という）は、その鑑定書及び証言において、概略『フロントバンパーに形成された損傷は、形状が鋭利な硬度が高い物質によって削られたような削り取り痕である。このような損傷を生じさせることができる部分は、鑑定時の被害自転車の磨耗したペダルにはない。また、アンダーカバーには、裏まで及ぶほどの亀裂が生じている。アンダーカバーは、泥よけとして使用されて

おり、材質と取り付け方の両面で変形に対する柔軟性を持たせているのであるから、このような亀裂が生じるためには、局所的に大きな力がかかる必要がある。しかし、鑑定時の被害自転車の磨耗したペダルには、その硬度や形状からしてそのような力を加えられる箇所が存在しない。また、スカート部にも亀裂損傷が生じている。スカート部は工業用ゴムで製造されているから、鑑定時の被害自転車の磨耗したペダルがぶつかっても、めくれあがるだけであって、このような亀裂損傷を生じさせることはない』旨の見解を述べている（以下、Kがその鑑定書及び証言において述べる見解を「K鑑定」という）。この見解は、本件車底部の損傷に比して明らかに軽度な損傷の形成しか確認されなかったという本件衝突実験の結果と整合している。また、Kは、材料力学の専門家であり、本件鑑定を行うに際して、2回にわたり被告人管理車両のフロントバンパー（スカート部と一体となったもの）やアンダーカバー、被害自転車のペダルに実際に触るなどして、それらの材質や硬度を確認している。そうすると、特段の理由がないのに、K鑑定の上記見解を不合理として排斥することは困難である」。

2　T鑑定の鑑定結果に関する本判決の判示

　本判決には、弁護人嘱託のT鑑定人の鑑定結果について判示した箇所は認められないが、本判決が示した判断には、T鑑定人の意見を踏まえたと思われる箇所が散見される。たとえば、本判決の前記判示部分である「被害自転車の本件事故時における一連の動きを考慮せず、被告人管理車両の損傷の一つを選び出して、静的に被害自転車と一致する箇所があるかを検討することには、さしたる意味はないというべきである」との裁判所の判断は、静的な「突合せ捜査」が、衝突事故の原因分析、とりわけ、被疑車両と犯行車両の同一性判断にさしたる意味がないとのT鑑定人の意見と符合するからである。

　車両後部がハッチバック式の車両には、車両前部が、キャブオーバー型のボンネットノーズが高い位置にある車種もあれば、セダン型のボンネットノーズが低い位置にある車種もあることは常識に属するところ、T鑑定人は、犯行車両は、車両前部がキャブオーバー型のボンネットノーズが高い位置にある車種であって、セダン型で、ボンネットノーズが低い位置にあるホンダフィットではないと鑑定した。

　T鑑定人は、犯行車両が、仮に、ホンダフィットのように、セダン型であって、自転車と乗員の重心高さよりも低い着力点で衝突する場合、自転車乗員の頭部は衝

突車側に倒れるので本件のように前方に倒れることはなく、停止の順番が、衝突車＜乗員＜自転車の順になり、V供述と一致しないこと、この場合、自転車乗員は、ボンネット上に一端倒れ込んでからずり落ちるので、転倒停止まである程度長い時間を要するところ、Vは、「私はいったん、車のボンネット側に上体を振られた後、すぐに、車とは反対側に、自転車ごと倒れてしまいました」と供述していることと矛盾すること等を詳細に検討している。

　このように、T鑑定人の鑑定は、V供述の衝突状況と損傷状況との符合の有無等を分析しており、本判決が、Vの公判供述の信用性につき消極に解していることから、裁判所が、T鑑定について判示するまでもないと判断した可能性は否定できないが、他方、Vは、事故当時から、停止の順番を衝突車＜乗員＜自転車と供述していないこと等を踏まえれば、裁判所が、T鑑定を積極的に採用することになれば、本件が、いわゆる灰色無罪ではなく、被告人が犯人でないとの「真白」の判断をせざるをえなくなることも影響しているように思われる。

Ⅷ　最後に

　検察官請求にかかる鑑定書を作成したY鑑定人が、これまで約300件の交通事故解析を行ってきたと公判廷において証言していることを踏まえると、衝突事故の際の被疑車両と犯行車両の同一性立証に当たり、静的な「突合せ捜査」が多用されてきたものと認められる。交通事故解析の専門家が、「突合せ捜査」の結果をもとに損傷状況が一致すると証言した場合には、その証言の信用性を反対尋問で覆すことは容易ではなく、また、裁判所が上記鑑定人の意見を尊重するきらいがあることも否定できない。弁護人が、被告人に対し、交通事故解析の専門家および材料工学の専門家による鑑定を実施したいとの要請を行った際、被告人が、余裕のない中で、鑑定費用を工面し、弁護人の上記提案に応じてくれ、両鑑定人からも全面的な協力を得られたことが、本件において無罪を勝ち取ることができた大きな要因と考えている。衝突事件において、訴追側の鑑定に対する反証を行うためには、弁護側においても、鑑定を実施することが不可欠であり、有能な鑑定人を確保する必要性が高いことは明らかである。

　しかし、弁護人が、一審で無罪確定後行ったさいたま地方裁判所に対する費用補償請求においては、上記鑑定費用に関し、加算項目との評価は得られたものの、

その大半についての補償は認められなかった。費用補償請求が、日本司法支援センターが定める国選弁護人の事務に関する契約約款の国選弁護人に支給すべき規準に則り行われるものであるとしても、本件のような車両衝突事故においては、交通事故解析等の鑑定が、弁護人の反証として不可欠であることを考えると、前記契約約款の柔軟な運用が期待される。

なお、本稿の事案は、筆者が「自動車と自転車が衝突し、自転車の運転者が傷害を負った交通事件に関し、被告人と犯人の同一性が争われた事例（一審無罪確定）」（成蹊法学82号229頁）において紹介した事案と同一の事案である。

（たかべ・みちひこ／第二東京弁護士会）

ケース❼
衝突後の信号機を確認した目撃者証言

三浦佑哉

> 信号機のある交差点を直進しようとしたタクシーと交差点右方から進行してきた原動機付自転車が衝突し、自転車運転者が負傷した事案。タクシー方向の対面信号が赤色であったとする目撃証言の危うさをどのように裁判所に理解させるかがポイント。判決は無罪（一審確定）。

I 事案の概要

1 事故の概要

　本件事故は、平成24年9月15日の午後10時25分頃、被告人が普通乗用自動車であるタクシーで、信号機により交通整理が行われている交差点を直進しようとしたところ、原動機付自転車を運転する被害者が右方向の道路から交差点に進入してきて、衝突したというものである（被害者は全治約7日間を要する左半身打撲等）。

　道路状況、事故状況については次頁の**図表1**のとおりであるが、被告人が初めて被害者車に気づいた地点（被告人車が④地点、そのとき被害者車がⒶ地点）、衝突地点（被告人車が⑤の地点、そのとき被害者車がⒷ地点）、衝突後の被告人車の停止地点（⑥地点）、衝突後の被害者車および被害者の転倒地点（Ⓒ地点）についてはとくに争いがない。

2 被告人の主張

　被告人は次のように主張した。

　本件事故の約5分前に男性客を乗車させ、赤堤通り方面から甲州街道方面に向かって荒玉水道道路を直進した。次頁**図表1**の①地点および②地点で本件信号機が青色表示であるのをはっきり確認した。③地点からは進行方向に目をやり、交差点に進入したが、突然被害者車が目の前に現れ、急ブレーキをかけたものの間に合わず衝突した。

図表1　事故現場見取図

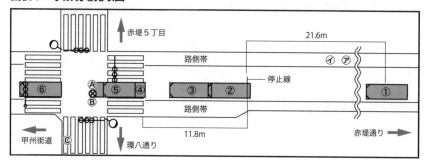

3　被害者の主張

これに対して、被害者は次のように主張した。

仕事からの帰宅で、赤堤5丁目方面から環八通り方面に向かって進行していたところ、本件交差点の対面信号機が赤色を表示していたため、停止線上で停車した。停車して約1〜3秒後に対面信号機が青色表示に変わったため、その1〜2秒後に右手の歩行者が止まっているのを確認してから発進した。その直後、本件交差点内で自車と被告人車が衝突し、路上に転倒した。工事現場用の壁にさえぎられて左方の見通しが悪かったため、衝突してから被告人車の存在に気づいた。

4　目撃者の主張

また、本件事故を目撃したという目撃者が存在し、次のように主張した。

赤堤通り方面から甲州街道方面に向かって（被告人車と同一方向）荒玉水道道路右側の路側帯を徒歩で直進していた。この道を通るのはこのときが初めてであり、スマートフォンのGPS地図で桜上水駅までの経路を確認しつつ前を向いて歩いていた（甲州街道方面に桜上水駅がある）。衝突地点の約30メートル手前の㋐地点で、被告人車と被害者車の衝突を目撃し、その直後㋑地点で被告人車の対面信号機を確認すると、赤色を表示していた。したがって、信号を無視したのは、被告人で間違いがない。

Ⅱ 公訴事実

　検察官は、上記被害者および目撃者の供述を信用できるものとして、平成25年12月20日、自動車運転過失傷害罪で被告人を起訴した。
　公訴事実は、次のとおりである。
　「被告人は、平成24年9月15日午後10時25分頃、普通乗用自動車を運転し、東京都世田谷区桜上水5丁目6番先の信号機により交通整理の行われている交差点を赤堤通り方面から甲州街道方面に向かい直進するに当たり、同交差点の対面信号機の信号表示に留意し、これに従って進行すべき自動車運転上の注意義務があるのにこれを怠り、同信号表示に留意せず、同信号機が赤色の灯火信号を表示しているのを看過したまま漫然時速約40キロメートルで同交差点に進入した過失により、折から右方道路から信号に従い進行してきた被害者（当時39歳）運転の原動機付自転車を前方約3.4メートルの地点に認め、急制動の措置を講じたが間に合わず、同原動機付自転車に自車左前部を衝突させて同原動機付自転車もろとも同人を路上に転倒させ、よって、同人に全治約7日間を要する左半身打撲等の傷害を負わせたものである」。

Ⅲ 弁護方針

1 被告人主張を裏づける積極証拠の不存在

　私と戸舘圭之弁護士（第二東京弁護士会）は、起訴後、被告人から相談を受けて弁護人に就任した。
　争点は、被告人に赤色信号看過の過失が認められるか、すなわち、被告人が本件交差点に進入したとき（正確には、被告人が制動措置を講じていれば衝突地点までに停止することが可能であった地点）の被告人対面信号機が赤色であったか否かである。
　しかし、以下のとおり、被告人主張を積極的に立証できるものは残念ながら見つからなかった。
① 本件タクシーには、ドライブレコーダーが取り付けられていなかった。
② 本件事故時、被告人は乗客を乗せていたものの、乗客は手元の携帯電話を触っており、信号機の色を見ていなかった。

③　本件事故の目撃者は他に見つからなかった。
④　警視庁交通管制課に問い合わせたが、本件交差点の信号機（定周期式信号機）については、何時何分何秒に何色の信号表示をしていたかは不明である。
⑤　被告人は、本件交差点の約220メートル手前の交差点の対面信号機が赤色表示だったので停車し、青色表示に変わったのを確認して本件交差点へ向かったが、本件交差点の信号機と当該信号機との間に連動性はない。

2　衝突「後」に本件信号機を確認した目撃者

　可能な弁護活動としては、目撃者および被害者証言（とくに前者）をいかに弾劾するかに限られた。
　しかし、本事案の大きなポイントであるが、目撃者供述調書によれば、目撃者は、被告人が本件交差点に進入したとき、ないし衝突時ではなく、衝突「後」に被告人対面信号機の赤色表示を確認したにすぎなかった。そして、目撃者は、衝突から何秒後に被告人対面信号機の色を確認したのかについて、次のとおり曖昧な供述をしていた。

・平成24年11月2日供述調書（証拠開示要求により入手）
　「携帯電話から目を離し、前方を見たところ、私から見て右方から左方に原付のバイクが交差点に入ったと同時くらいにタクシーと衝突した瞬間を見ました」。
　「私が信号機の色を確認したのは、事故を目撃してから約2秒後くらいだったと思います」。

・平成25年5月29日供述調書
　「事故を目撃してから信号機を見るまで1秒もなく、事故を見た時点で信号機が半分目に入っていたくらいです」。

・平成25年12月19日供述証書
　「衝突音が聞こえ、タクシーとバイクが衝突するのが視界に入りましたが、衝突状況をしっかり見るため少し目線を上げて交差点内を見て確認するのに1秒強の1.1秒くらいかかりました。それから、目線を上げて信号機をしっかりと見て確認するのにさらに1秒弱の0.9秒くらいかかっています。前回、平成25年5月29日、検察庁で『事故を目撃してから信号機を見るまで1秒もなく』というのは、この0.9秒くらいを要したことです。タクシーや信号機が半分くらい目に入っていたので、前回検察庁では後半の0.9秒くらいのことに絞って話をしました。全体としては、

図表2　信号サイクル図

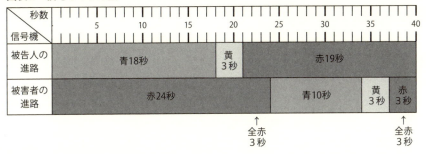

事故の状況が目に入ってから目線を上げて信号機をしっかりと確認するまで合計で2秒くらいかかったことは間違いありません」。

3　変化後の赤信号表示を確認した可能性

被告人対面信号機の信号サイクルは、**図表2**のとおり、青色表示18秒、黄色表示3秒、赤色表示19秒（40秒サイクル）であった。

すなわち、黄色表示は3秒であることから、目撃者供述の信用性全体を弾劾できなくとも、目撃者が本件衝突の3秒後に本件信号機の赤色表示を確認した可能性さえ指摘できれば、衝突時には青色であった信号表示が赤色に変化した後に目撃者が信号機を確認した可能性が生じる。そのため、この点を反対尋問で追及していくこととした。

Ⅳ　証人尋問──目撃者

実況見分を行った警察官2名の証人尋問、被害者の証人尋問を経た後、目撃者の証人尋問が行われた。そこでは、われわれが求めていた次のような内容の証言を得ることができた。

「衝突した時点での本件信号機の色は確認していない」。

「衝突後、『すぐ』、『直後に』、『約0.5秒ないし2秒後に』本件信号機を確認したと述べたが、それはあくまで体感である」。

「衝突後、まずは転倒した被害者や被告人車を目で追ってから本件信号機を確認した」。

「被害者が転がって、タクシーが停止するのと同時くらいに本件信号機の表示を確認した」(後の被告人質問で、被告人は本件衝突から4〜5秒後に完全に停車したと供述している)。

「本件交差点に信号機があることが意外であり(信号がない道路だと思っていた)、本件事故が起こるまでは本件信号機の存在に気づいていなかった」。

「本件交差点での衝突現場と本件信号機は両方一緒に見えたわけではなく、視線を上にずらさなければ本件信号機は見えなかった」。

「本件信号機の赤色表示を確認した後、本件交差点へ向かって歩いている間は、本件事故が気になっており、本件信号機の色が変わる場面を見ていない」。

V 論告・弁論

1 論告

検察官は、目撃者の供述について、目撃者に虚偽供述の理由はないこと、視力や視認状況に問題はないこと、意識的に信号表示を確認しており勘違いや見間違えの可能性はないこと等を理由に、信用できると主張した。

被害者供述については、被害者対面信号機が赤色表示から青色表示に変化して約2秒後に発進したと仮定しても、衝突は被害者対面信号機が赤色から青色に変化して約4.1秒後に発生したことになる(停止線から衝突地点までの約11.9メートルを時速約10キロメートルで走行したことを前提)ため、衝突から1〜2秒後に目撃者が被告人対面信号機の表示が赤色であると確認したという目撃者の供述と矛盾しないこと、本件事故現場付近の交通状況を熟知しており見間違いをする可能性はないこと、いったん停止線上に停止した後、その表示が青色に変化したのを確認して発進したのであって記憶違いのしようがないこと等を理由に、信用できると主張した。

被告人供述(第5回公判)については、被告人に有利となるよう目撃者が衝突から約2秒後に本件信号機を確認したと仮定しても、被告人の対面信号機の表示は、被告人車が**図表1**③地点を通過した時点で黄色である(③地点から衝突地点までの約8.7メートルを時速約45メートルで走行したことを前提)から、③地点で青色表示であったという被告人供述は信用できないと主張した。また、被告人は、捜査段階では、**図表1**の①地点および②地点で対面信号機の青色表示を確

認した後、③地点では前方に目を向けたと主張していたのに対し、公判廷では、①地点および②地点だけでなく③地点ないし④地点においても本件信号機を見ていたと供述したことを矛盾供述だと捉え、被告人供述には信用性がないと主張した。

　求刑は禁固5月であった。

2　弁論

　前提として、本件のように「信号機の色が赤色であったか否か」が問題となっている単純・類型的な犯罪類型においては、被害者が具体的で詳細な体裁を備えた供述をすることが容易であり、かつ、弁護人が反対尋問において虚偽を暴き出すことが容易でないのであって、合理的な疑いを超えた証明の視点から問題がないか格別に厳しい点検が必要であることを指摘したうえで、本件においては、事故当時者たる被害者ではなく、第三者の目撃供述により犯罪立証できているか否かを十分に吟味することが重要であると主張した。

　そして、最も分量を割いて主張した部分であるが、上記の目撃者証言を引用しながら、目撃者が青色表示から赤色表示に変わった直後に信号機を確認した可能性が高いこと、そもそも人間の時間に関する感覚、記憶には不確実な要素が多分に存在することを主張した（詳しくは、判決で十分に言及されているため割愛する）。

　なお、検察官が被告人供述に矛盾が存すると主張する部分については、捜査官から①地点および②地点で信号機を確認したかという問いに対して肯定したために、あたかも①地点および②地点でしか確認していないように読める調書が作成されたにすぎず矛盾ではないこと、そもそも事後になってどの地点で信号を見た、どの地点では信号を見ていないと説明することは困難であることを主張した。

Ⅵ　判決

1　被害者供述、被告人供述について

　裁判所は、被害者供述には、具体性・迫真性に乏しい点、不自然・不合理と感じられる部分はないとしながらも、本件事故の一方当事者であることからも、決め手となる客観的証拠のない本件のような事案においては、その信用性はなお慎重

に検討する必要があるとした。

　他方で、被告人はタクシー運転手であり、仕事に支障が生じる可能性があることからすれば虚偽供述への動機づけは被害者よりも大きいとしながらも、その供述内容に明らかに不自然・不合理と認められる点はなく、本件事故直後についての供述では、信号を遵守していた事故当事者としての言動や心情が迫真的に語られていると述べた。検察官が矛盾供述と主張する点についても、検察官主張の赤信号看過の過失との関係においてとくに問題となるのは、被告人車が②地点よりもさらに手前にあるときの本件信号機が赤色を表示していたかどうかであるが、その点について被告人供述は一貫していること、事故直前を振り返ってどの地点で何回信号を確認したかを正確に供述することは困難であると考えられることから、被告人供述の核心部分が虚偽であることを示すような不合理な変遷ではないとした。

　そして、「本件事故の当時者である被害者及び被告人の各供述は、いずれも供述内容や供述経過自体からは決定的な破綻はないことになり、争点に対する判断の帰趨を決するのは目撃者供述の評価並びに被害者及び被告人の各供述との整合性ということになる。目撃者供述が信用でき、同供述が被害者供述の核心部分を確実に裏付けている又は目撃者供述によって認められる事実と被告人供述が矛盾しているのであれば、検察官主張の赤信号看過の過失が認められることになる」とした。

2　目撃者供述が信用できるかについて

　この点につき、裁判所は、目撃者が利害関係をもたない中立的な第三者であり虚偽の供述をしていると想定しにくいこと、本件信号機の色の目撃それ自体については記憶に残りやすいこと、視認条件にも問題はないことなどから、本件信号機の表示が赤色であったとの点については信用性に疑いを容れる余地はないとした。

3　目撃者供述が被害者供述の核心部分を確実に裏づけているかについて

　この点につき、裁判所は、「目撃者供述によって証明できるのは、あくまでも目撃者が本件信号機の表示を確認した際に同信号機が赤色を表示していたという事実にすぎず」、「目撃者供述は被害者供述の核心部分（停止線上から発車した

のは対面信号機が青色表示に変わってから1、2秒後であること）までをも担保するものではない。したがって、被害者供述の核心部分については目撃者供述による確実な裏付けがないことになる」と述べた。

4　目撃者供述によって認められる事実と被告人供述が矛盾しているかについて

この点につき裁判所は丁寧な判断を示しているため、若干長いが、引用する。

「目撃者は、衝突から信号確認までの間隔につき、『直後』『すぐ』『0.5秒』という表現も用いているものの、他方で、繰り返し『2秒』と感じた旨自認していることからすると、同間隔を2秒未満と認めるだけの根拠は薄弱である。被告人に有利に、本件事故から目撃者の信号確認まで2秒が経過しており、本件信号機が赤色表示に変わった直後に同人が本件信号機の表示を確認したと仮定すると」、「本件信号機の黄色表示は3秒間であるから、衝突当時の本件信号機は黄色表示に変わってから1秒後となり、検察官の主張する赤色信号看過の地点（被告人車が当該地点にあるときに被告人が制動措置を講じていれば衝突地点までに停止することが可能であった地点）での信号表示は青色であった可能性も出てくることになる（前記4(2)アのとおり、同地点は衝突地点より約20ないし24メートル以上離れた地点となるから、被告人車が検察官の主張する赤信号看過の地点にいたのは衝突の約1.6ないし1.7秒以上前となり、その時点においては本件信号機は青色を表示していたことになる。）。したがって、被告人供述の核心部分が目撃者供述と矛盾しているとは断定できない」。

なお、本件交差点進入時の急制動の措置を講じる前の被告人車の速度は45キロメートルないし50キロメートルで争いがない。反応時間を0.75秒とした場合、その停止距離は約20ないし24メートルとなる。

「さらに、目撃者も『体感で』と供述して幅のある数字を出しているように、そもそも人の時間についての感覚の正確性には限界がある上、目撃者は、突然、予期していなかった交通事故という事態を目前にしていたのであるから、衝突から信号確認までの時間を正確に認識・記憶することが困難な状況にあったといえる。加えて、本件事故の目撃者としては、転がっていく被害者車の同行を多少なりとも目で追うのが自然であると考えられること、目撃者自身被告人車が停止するのと同時位に本件信号機を確認したと供述していること（被告人は、衝突の4、5秒後に停車したと供述している。この被告人供述の正確性は別としても、目撃者供述

との食い違いは人の時間についての感覚の危うさを示している。）、あらかじめ本件信号機の存在を認識していたわけではなかったことにも照らすと、「2秒」という間隔については、直ちにこれを厳密な正確性をもったものとして採用するわけにはいかず、ある程度の誤差が生じている可能性、特に衝突から信号確認までの時間が2秒を超えていた可能性を考慮する必要がある。被告人に最も有利に、誤差が1秒を超えていたと仮定すると、本件信号機が黄色を表示していたのは3秒間であるから、衝突時の同信号機の表示が青色であった可能性も否定できないことになる」。

裁判所は、以上のように判示して、無罪判決を言い渡した。

Ⅶ おわりに

検察官は控訴を断念し、この無罪判決は確定した。

判決の言渡しを受けたとき、被告人はもちろん私も大変に喜んだが、後に判決書を手にとり精読すると、それは猛省に変わった。上記判決のとおり、仮に目撃者の本件信号確認が衝突から2秒後であった場合でも、検察官の主張する赤色信号看過の地点（被告人車が当該地点にあるときに被告人が制動措置を講じていれば衝突地点までに停止することが可能であった地点）での信号表示が青色であった可能性があるにもかかわらず、その点について指摘していなかったからである。

2秒の間隔については目撃者も自認していたことを考えると、無罪判決が言い渡されたこと、検察官が控訴を断念したことは当然の結果であり、そもそも、起訴したこと自体に無理がある事案だったといえる。

基礎的な分析を怠ったことを強く反省し、今後の弁護人活動に活かしていきたい。

なお、被告人は捜査段階において、警察官から「裁判になると大変だよ。認めたほうが早いよ」などと不当な圧力を受けていた。被告人はこれを拒み結果的に無罪判決を勝ち取ることができたものの、裁判によって多大な負担を強いられたことに変わりはない。また、有罪リスクと経済的・身体的負担から、存在しない被疑事実を認めてしまう者が数多くいることも大きな問題である。このように、起訴前の弁護活動、適正な捜査を行わせることの重要性も痛感する事件であった。

（みうら・ゆうや／第二東京弁護士会）

ケース❽

世間の厳しい風に惑わされない冷静な司法判断を望む

春山九州男

> アルコール起因の危険運転致死傷事件として起訴されたが、地裁は業務上過失致死傷と認定。高裁は警察官の走行実験結果により危険運転致死傷を認定し、最高裁は約8秒間の前方不注視走行を拠り所として、高裁の判断を維持した。

I 事件の概要

　本件公訴事実は「(1)平成18年8月25日午後10時48分頃、福岡市内の海の中道大橋上の道路において、運転開始前に飲んだ酒の影響により、前方の注視が困難な状態で普通乗用自動車を時速約100kmで走行させ、もってアルコールの影響により正常な運転が困難な状態で自車を走行させたが、折から、前方を走行中の被害車両右後部に自車左前部を衝突させ、その衝撃により、被害車両を左前方に逸走させて、橋の上から海に転落・水没させ、その結果、被害車両に同乗していた3名の幼児（当時1歳、3歳、4歳）をそれぞれ溺水により死亡させたほか、被害車両の運転者（当時33歳）及び同乗していた妻（当時29歳）に傷害を負わせ、(2)上記事故について、負傷者を救護する等必要な措置を講ぜず、かつ、その事故発生の日時場所等を直ちに最寄りの警察署の警察官に報告しなかった」とするものである（**図表1**参照）。

II 本件の争点および判決の概要

　本件の争点は、被告人の刑責が危険運転致死傷罪（平成19年改正前刑法208条の2第1項前段）に該当するのか、業務上過失致死傷罪（刑法211条1項前段）にとどまるのか、つまり被告人が事故時「アルコールの影響により正常な運転が困難な状態で車両を走行させていた」と評価できるか否かにある。
　第一審は、①本件事故は脇見運転による事故と判断されること、②運転を開始

図表1　事故現場見取図

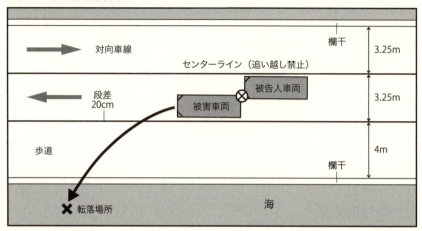

したスナック駐車場から事故現場橋手前交差点まで約3.5キロメートルを途中道路幅が狭く、左右に住宅が迫り、道路脇には電柱が設置されている箇所もある等の道路状況にあって、接触事故等もなく運転操作を行っていること、③事故後約50分後に行った飲酒検知の結果は呼気1ミリリットル中0.25ミリリットルであったこと、④酒酔い・酒気帯び鑑識カードの記載は

- 「言語・態度状況」―「普通」
- 「歩行能力」――――「正常に歩行した」
- 「直立能力」――――「直立できた」
- 「酒臭」―――――――「強い」

となっており、結論として「外観による判定」―「下記調査結果を統合して酒気帯びと認定した」となっていること、⑤事故後の走行状況等々を総合して、業務上過失致死傷罪を適用した。

　これに対して控訴審は、本件道路には2％の横断勾配が付されており、警察官が行った走行実験ではハンドルを操作せずに走行すると自動車の進路は左側方向に行ってしまうので、自車の進路を調節しなければ左側縁石に接触する危険があり、長時間の脇見継続は不可能といえる。したがって、本件事故の原因は被告人の脇見運転ではなく、前方を注視していたもののアルコールの影響で前方を視認することが困難な状態に陥っていたことを示すものとして、一審判決を破棄自判して危険運転致死傷罪を適用した。

最高裁は、上記警察官が行った走行実験結果のみでは「アルコールの影響で正常な運転が困難な状態に陥っていた」とまでは評価できないが、「約8秒間も前方不注視の状態で車両を走行させたこと」はすでにアルコールの影響で正常な運転が困難な状態にあったものとして、結果として原判決を支持し、被告人の上告を棄却した。

III 弁護活動

本件は当番弁護士として出動した事件であるが、継続的接見活動のために必要な複数選任や後述の私的鑑定など、国選弁護士の活動としては裁判所が費用支出を認める見通しは持てなかったので、被疑者の両親に最小限の費用負担を求めて、私選弁護人として活動を行った。

1 接見

危険運転致死傷罪の成否にあたっては、主観的要件として被疑者の飲酒経緯から事故時に至る記憶、認識が極めて重要である。そこで、弁護人に就任以来、起訴時までの約20日間を通して、多忙で1回しか接見できなかった1日を除いて1日2回の接見を行った。捜査妨害の批判を避けるため、1回は取調べ前である朝7時30分前後から約30分間、もう1回は夕食休憩前後に約30分間である。

また、両親に対する接見禁止解除が認められたので、月曜日から金曜日まで平日午後には両親のどちらかも毎日面会している。

これらの活動は、虚偽の自白を防ぐうえでは大きな効果があったと思われる。わずか21歳の青年が県警本部交通事故専門のベテラン刑事による取調べに対して一通の自白調書もとられなかったことは、公判活動で有益に働いた。

もちろん供述経過を裏づけるために被疑者には大学ノートを差し入れ、日々の取調べ状況を細かく記録するように指示した。弁護人も接見ノートに日々の接見時の弁明や取調べ状況を録取したうえで、その都度、公証人役場で確定日付をとって後日公判に提出した。

これらの活動によって、一審判決では、被疑者の「酔ってはいたが意識は明瞭で、終電で福岡市中央区に位置する天神広場から若い女性が帰ってしまう前にナンパする目的で昂揚した気分で運転走行していた」という供述に一貫性があると認

定された。しかし、控訴審では、被疑者の供述には矛盾があり、変遷して一貫性がないと認定された。

こうなると、弁護人としては一体どんな手立てがあるのだろうか。取調べの可視化が必須の要請である。

2 走行実験

被疑者乗用車と同年式、同型式のレンタカーで、昼間と事故時に近い夜間に、被疑者が飲酒していたスナックから同乗者を降ろした自宅近くを経て事故地点に至るまで走行実験をし、それを記録したビデオテープを証拠として提出した。

一審判決および最高裁田原反対意見では、約3.5キロメートルの経路は途中車道が狭く、住宅街の中を湾曲しており、その中を接触事故等を起こすことなく走行させていることから、「現実に道路及び交通状況に応じた運転操作を行っていたこと」を示し、「事故時正常な運転が困難な状態にはなかったこと」を推認させる事実を裏づける証拠として、詳細に引用された。

しかし、最高裁多数意見や控訴審判決もこの証拠から「正常な運転が困難な状況になかった」事実を導くことは否定したものの、この証拠の存在を無視することはできなかった。

3 飲水事実をめぐる記者会見

事故発生時点から約50分後に実施された呼気による飲酒検知の結果は、呼気1リットル中のアルコール濃度0.25ミリグラム（血液1ミリリットル中0.5ミリリットル）、すなわち「微酔」の状態であった。このことは、客観的事実として早くから知られていた。

この数値に対抗するため、県警は、事実は事故現場に出頭した後、飲酒検知直前に取調官の面前で飲水したにもかかわらず、友人に頼んで運んでもらった多量の水を飲んだ後に事故現場まで出頭したとプレスリリースし、被疑者の罪証隠滅行為として一斉に報道された。

弁護人は、これは県警による世論誘導と判断して直ちに記者会見をし、事実を伝え、訂正を申し入れた。県警は発表が事実誤認であったことを認め、以後このような報道は止まった（にもかかわらず、最高裁大谷意見は漫然飲水後に事故現場に出頭したと誤った事実認定をしている）。

4 飲水と血中濃度の関係

　被疑者は飲酒検知直前に約1リットルの飲水をしているが、これが原因で呼気中アルコール濃度が低かったのではないかとして、検察官は、国立大学医学部法医学教授が実験の結果、これが肯定されたとする鑑定書を提出した。

　弁護人は法医学教科書を調べる中で、古村節男・京都府立医科大学教授編著『酔いの科学』を発見することができた。同書は、酒酔いのメカニズムを総合的に研究、解明した著作で、一気に疑問は解消した。同書によれば、白人、黒人は先天的にアセトアルデヒドを代謝する酵素（ALDH2）を保有しているが、日本人、中国人、韓国人等のモンゴロイド系人種には約40％の割合でこのALDH2欠損者がいること、これらの人々は先天的に下戸つまり体質的に酒を受けつけない人々であること、他方アルコールを酸化処理する酵素については、モンゴロイド系人種は白人より処理能力の差が大きいこと、つまり、日本人の場合、個体差が極めて大きいことの教示を受けた。また、アルコールはその全量が胃から小腸で、とくに70〜80％が小腸で吸収されること、他方、水はそのほとんどが尿や汗となって排泄されること、したがって、飲水しながら飲酒することは胃中のアルコール濃度を薄めるから酔いの程度やスピードを抑止する効果があるが、飲酒後に飲水しても食道や胃壁のアルコール分を流す効果はあっても、呼気中濃度や血中濃度に影響を与えることはありえないとの結論を得ることができ、大きな勇気を得た。

　そして、法医学研究者の助言により、飲水が血中アルコール濃度に与える影響の有無や程度を調べる鑑定書中の実験は、被験者が被疑者と同じく非モンゴロイド系で、かつ年齢、身長、体重が近似していることが実験の前提であるのに、選ばれた5名の被験者がバラバラなので、前提条件を欠いているという鑑定書の信用性に対する有力な疑問を突きつけることができた。

　また、同書によって身につけた知識は、検察側鑑定の「飲酒を始めて以後、20分間経過毎に採取した呼気及び血中アルコール濃度」の測定結果中、本件事故時と同じく飲酒開始5時間後に飲水したと仮定して、その6分後の採血結果によると血中濃度の低下が認められ、飲水が呼気および血中濃度に影響を与えているという実験結果の解析自体に大いに疑問があることを明らかにできた（**図表2参照**）。この弁護人が実験結果を時系列的に整理し直した推移表によると、被験者Aは、飲酒開始後の経過時間（単位20分間隔）とともに血中濃度および呼気濃度

図表2　被験者Aの血中および呼気中アルコール濃度推移表

1　血中濃度

飲酒開始後経過時間	血中濃度（mg/ml）	減少値	計算根拠
4：00	0.71	（－）0.08	0.71－0.63＝0.08
4：20	0.63		
4：40	0.59	（－）0.04	0.63－0.59＝0.04
5：00	0.55	（－）0.04	0.59－0.55＝0.04
(5：06)	(0.53)	（－）(0.02)	0.55－0.53＝0.02
5：20	0.51	（－）0.04	0.55－0.51＝0.04

2　呼気濃度

飲酒開始後経過時間	呼気濃度（mg/ml）	減少値	計算根拠
4：00	0.2	（＋）0.06	0.2－0.26＝－0.06
4：20	0.26		
4：40	0.23	（－）0.03	0.26－0.23＝0.03
5：00	0.19	（－）0.04	0.23－0.19＝0.04
(5：06)	(0.16)	（－）(0.03)	0.19－0.16＝0.03
5：20	0.16	（－）0.03	0.19－0.16＝0.03

が規則的に低下していっている中で、とくに5時間6分時点のみの減少値によって飲水の影響と相関関係を認めることは根拠がないこと、さらには実験結果は被疑者の体質に近似した非モンゴロイド系の被験者の数値と対比するならともかく、モンゴロイド系も含めた5人の被験者全体の平均値を採っているなど非科学的な手法であることなど、次々と反証しえた。

　これらの活動によって鑑定書の信用性はほぼ完全に否定された。それでもとくに最高裁大谷補足意見が飲水による血中濃度の低下を認定していることは、厳格な証明が求められる刑事裁判における事実認定のあり方として到底承服しがたい。

5　交通工学研究者の鑑定意見

　本件海上橋は長さ約750メートル、片側3.2メートルの一車線に縁石（幅50センチメートル、高さ20センチメートル）で区切られた幅4.1メートルの歩道があり、

さらに海上への転落防止用の柵で仕切られているところ、公訴事実によれば、時速50キロメートルで走行中のランドクルーザーに対して、同約100キロメートルで追走してきた被告人運転のトヨタマジェスタが追突して、ランドクルーザー左側前方海上に転落したという事故である。

しかし、時速50キロメートルの被害車両に同100キロメートルの加害車両が追突したにしては、被害車両はゆるやかに弧を描くように走行して、前方左側約40メートルの地点から橋の真下に転落していた。また、事故を目撃した対向車線上に停車していたタクシー運転手が直近の地点で被害車両を目撃しており、「ゆっくりと縁石に乗り上げそのまま転落し」、「運転手はぐったりと窓に頭を向けて、まるで眠っているように見えた」という供述調書があった。しかも被害車両運転手と助手席に同乗していた妻（とくに運転手）には、衝突時から橋を破って海上に転落するまでの間、恐怖心で一切の記憶がないとの供述となっていた。

そこで、2人の交通工学研究者に鑑定意見を求め、提出した。

1人の意見は、被害車両運転者が事故直前まで後続車両に気づかず、直前になって急ブレーキをかけたために生ずる「ダブルノーズ：テイルアップ」状態で起きた事故であるとした。つまり、急ブレーキをかけたため被害車両の前方は沈み、後方は浮き、加害車両も急ブレーキをかけているので前方が沈んで車両の車体の下深く潜り込んだ事故とする。確かに、被害車両のバンパーより上部にはほとんど損傷がなく、加害車両のバンパーにも傷はなく、ボンネットからフロントガラスにかけて衝突による損傷が残っていたのみであった。

もう1人の意見は、加害車両に設置されていたフリーズフレームデータに記録されていた衝突時から0.2秒後の数値から、両車両の衝突時の速度が時速60.2キロメートルであったことなどから計算して、被害車両の衝突速度は時速30〜40キロメートル以下ではなかったかとし、事故時の道路状況および時間帯から見て不自然な速度であり、ハンドル操作による広義の回避行動がまったくとられなかったことも不可解であるとした。

つまり、両意見とも、被害車両は居眠り運転ではなかったかとする意見であった。

いずれも被害者にとって海上転落は不可避の事故とする世論の一方的な決めつけに対する抵抗にはなりえたと思う。

6　車両乗り上げ実験

弁護人は被害車両と同年式、同型式のランドクルーザーを利用してプロドライバーによる事故現場で時速40キロメートル、同50キロメートルでの歩道乗り上げ実験を行いビデオテープで証拠として提出した。いずれもハンドル操作による転落回避措置は十分に可能で、かつ時速40キロメートル、時速50キロメートルでの乗り上げは運転者にとって相当程度の恐怖を覚えるというものであった。

Ⅳ　裁判の推移

　検察官は、第一審第1回公判冒頭陳述において、死亡した3名の幼児の写真を十数分にわたり次々と法廷内に映し出し、傍聴者の涙を誘った。こうした戦術は弁護人としては予想外のことで大いに困惑した。そのような時間をとってよいのなら、弁護人としても、傍聴者の理解を求めるべく、前述の昼夜にわたる車両の走行実験を法廷で顕出する時間を求めるなどして対抗すべきであったと反省している。

　控訴審判決は「本件道路には約2％の横断勾配が付けられており、ハンドルを固定せずに車両を走行させると自然に左に向かう構造になっているので、前方を見て進路を修正しなければ、直線走行は不可能であるところ、修正せずに左側に寄って進行していたとは認められないから脇見運転は不可能である。結局前方を視界に入れて進行していたが、酔いにより前方車両が視認不可能になっていたとしか解し得ない」として、「本件事故の原因を除く事故態様についての一審判決の認定は、相当として是認できる」が、「事故原因を脇見とした一審判決の認定は是認することができない」とした。そして、その根拠は控訴審で採用された「両手をハンドルに固定したうえで時速50kmで走行させた警察官走行実験報告書」のみであった。

　雨水を迅速かつ安全に排水させるための道路の横断的勾配は、道路の状況（一般道路か高速道路か、1車線か2車線か等々）に応じて傾斜度が決められており、すべての道路に付されているものであるばかりか、「両手をハンドルにひもで固定」するという「通常では考えられない運転方法」（最高裁多数意見）は、被害車両が「パワーステアリングシステム」によるハンドル操作装置を備えており、ほとんど指一本の力でハンドル操作が可能なことを無視しているか無知である。しかも、被疑者が出していた時速100キロメートルではなく「同50km」で走行させた実験結果で

もって、被告人車両の走行状況と重ね合わせて議論すること自体無謀であり、「物理学の基本を無視した認定」（田原反対意見）を行っている。判決はもはや論理では説明できない。

　最高裁は、「被告人が横断勾配による被告車両の進路への影響にもかかわらず、自車の進路前方を見ていたという客観的証拠によって認められる情況事実に反する」とする原判決の「客観的証拠」自体を、「この報告による実験に通常では考え難い運転方法を採っているなどなどからして被告人が脇見をしていた可能性を否定して基本的に前方に視線を向けていたとするまでの証拠価値はない」とした。「本件事故原因を除く事故態様についての一審判決の認定は相当」とし、ただ一審判決に「実験報告書」という客観的証拠によって認められる「情況事実」に反すると控訴審判決は認定しているのであるから、本来事実認定は事実審である一審および控訴審の専権に属し、著反正義の事実がない限り覆すことはできないのではないかと疑われるが、この大原則を無視して新たな証拠もなく危険運転致死傷罪の成立を認めてしまった。

　本最高裁判決は、田原反対意見が整理しているように、危険運転致死傷罪の成立を否定する客観的証拠と、それによって認められるアルコールの影響により正常な運転が困難な状態の不存在、すなわち①飲酒検知結果、呼気1ミリリットル中アルコール濃度0.25ミリグラムという「微酔」あるいは「ほろ酔い初期」という数値、②飲酒検知時の「酒酔い・酒気帯び鑑識カード」「走行能力」「直立能力」等の正常な身体の運動機能を表わす報告書、③蛇行、制御不能であったことを推認させる客観的証拠の不存在と、逆に④走行現場の状況に応じて正常な運転をしてきたことを推認させる客観的証拠の存在等、⑤飲酒検知係官による「検知時酩酊状態ではなかったとする」供述証拠、さらには「ナンパをしに行くという昂揚した気分」の中で走行しており、眠気を催すなど正常な運転が困難な状態に陥っていたとする供述調書の一切の不存在がありながら、「8秒間の前方不注視」の一事をもって、それがアルコールによる影響によって正常な運転が困難な状態に陥っていたことを示す明白な裏づけ事実と認定したものであって、客観的事実および主観的事実両面にわたる構成要件該当事実の摘示自体を不要としているとしか評しようがない。

　「緊急時には法は眠る」とする格言がある。しかし、本件を通して、「法を眠らせる者は裁判官自身」であることを体験した。近時とくにわが国の世論は右に左に

ぶれが誠に激しく、加害者は際限のないバッシングにさらされる。このようなときこそ「市民が吹く風」を意識しながらも良識と論理による説得を実践するのが裁判所の職責と考える。世間の風に与することは一見「国民の健全な常識に適った判決」として納得を得られやすいかもしれないが、実は論理の府であるべき自らの権威を貶めることになるのではないかと危惧する。大谷補足意見を参照されたい。厳格な証明を要する刑事裁判において、「酔っていたとしか、他に考えられない」といった推認によって被告人を有罪判決に導く論理は驚きである。

V 弁護活動から得た教訓

1 基本的な弁護活動とその先の弁護活動

　弁護人は、本最高裁判決は誤判であり、「人民裁判」でしかなかったと確信している。しかし、その中にあっても、とくに当番弁護士運動開始以来、先輩たちの努力に培われた弁護技術は確実に有用であることが確認できた。すなわち、連続的接見によるその意に基づかない自白の防止、捜査陣による世論誘導の監視、交通工学研究者など異業種の人々との連携や知識の利用等、民事弁護技術の応用などである。

　さらには、「酔いと飲水の関係」など誰もが知識を備えているようで実は俗論でしかない肯定意見についても、専門書を探し求め、その専門的知見を突きつけることの効果を知った。専門的学者による鑑定意見であっても、最初からお手上げとするのではなく、周辺事実について知識を身につけたうえで尋問するとそれなりに成果がある。

2 バッシングに対して冷静に対抗する弁護技術

　本件事故のように悲惨な結果をもたらした事件の場合、上記のとおり故意犯であろうと過失犯であろうと、新聞、テレビ、週刊誌を問わずマスコミによる非難キャンペーンが繰り広げられ、一切の弁明を許さないことが最近は顕著である。とくにテレビ報道番組の「疑似音声」を利用した犯行の再現放映、キャスターや評論家による罵声に近いバッシングは、弁護人の弁護活動の障害になるばかりか、冷静な雰囲気による審理を妨げるもので不毛でしかない。

　そうした中で、どのように弁護戦略を立てていくかは困難な作業であるが、筆者

事故現場の橋の欄干

は、弁護活動を通じて、安易な情状立証は反発を呼ぶことはあっても有利な心証形成には役立たないと感じた。むしろ裁判所が申請を否応なく採用せざるをえない専門家証人を申請し、それらの証人尋問を通して、本件が単なる追突事故ではなく、ほかにも探求すべき諸事情があるのではないかということを、100名を超える満員の傍聴人を通じて世に伝えてもらうほうが有益である。2人の交通工学研究者の鑑定意見の提出と証人尋問は、まさにその実践であった。

3　行政による不作為は被告人の責任を減殺させないか

　そのほかにも、本件事故現場の海上橋は車道側の防御柵は強度の強い自動車用防御柵が設置され、衝突しても柵が破れることはないが、歩道が併設された側の柵は送電線等を内蔵したパイプで、歩行者や自転車の転落を防止する効果はあるものの、車両の転落を防止できる強度はない。

　これは国土交通省が橋梁における防御柵について定めた「防御柵の設置基準」（平成16年3月道路局長通達）に依拠するものであった。この設置基準の考えは、歩道が併設された橋などの場合、道路は直線で歩車道とも仕切られているし、信

号もないから、もともと衝突事故は少ないと考えられるうえに、幅50センチメートル、高さ20センチメートルの縁石を乗り上げる過程でスピードを制止可能であり、さらに幅4.1メートルの歩道があるから、ハンドル操作によって転落を防止できるとするものであった。しかし実際には、過去10年で55件の事故が発生し28人が死亡していること、うち47件は本件事故現場と同じく自動車用の防御柵のない橋での事故であったことが報告されている。

　本件でも、歩道側にも自動車用の防御策が設置されていれば海上転落は防止できたわけである。このように設置された道路状況そのものによって被害が拡大した場合、刑事被告人の刑事責任を減殺してしかるべきではないか、そのような主張をする研究者を見つけ証言を依頼したが、最終的に固辞された。これらの設置基準の運用については福岡市が事故後検討委員会を設け、結果同種橋梁のすべてに自動車用防御柵を設置したことなど詳しい書証として提出したが、判決で触れられることはなかった（しかし刑事責任の正しい分配概念からすると考慮されてしかるべきで、少なくとも懲役20年の刑責は重すぎるのではないかと考える）。

Ⅵ 結語

　一審判決言渡日に福岡地検次席検事は、司法記者を集めて、危険運転致死傷罪の成立を認めなかった裁判所を厳しく批判する会見をした。自ら裁判所を説得できなかったことは棚に上げて、法廷外でこうした感情的批判を行うことは、公権力の行使に携わる者として遺憾なことであるが、これを機にマスコミは一斉に一審判決批判キャンペーンに走った。福岡地裁にも市民からの抗議の電話が殺到し、裁判所は極度の緊張感に包まれた。週刊誌も裁判長非難の特報を出した。もちろん検察への対抗策として控訴した弁護人の「平衡感覚」にも厳しい批判が報道された。

　私たちは、弁護士というものは「専ら法廷内の活動のみによって」その職責を果たすべきであって、法廷外の活動によって争訟に有利な結果を獲得しようと試みることは邪道であるとの教えを受け、多くの人が忠実に守ってきた。しかし果たしてそれでよいのだろうか。たとえば、地元弁護士会が過熱報道に警告するようなバックアップ体制はとれないものか、組織的検討が求められるような気がする。

（はるやま・くすお／福岡県弁護士会）

ケース❾

危険運転致死傷罪と
自動車運転過失致死傷罪の狭間

森岡かおり

被告人車両が片側3車線の幹線道路から逸脱して、歩道上で信号待ちしていた男児2名を死亡させるなどした事案。危険運転致死傷罪で起訴されたが、制限時速50キロメートルの直線道路を時速70キロメートル台で走行していた点につき「制御困難な高速度」には該当しないとして、同罪の成立が否定された裁判員裁判（一審確定）。

I 事件の概要

　本件は、都内を走る直線の幹線道路を走行中だった被告人車両が、左に弧を描くようにして交差点脇の歩道上に突っ込み、信号待ちをしていた幼い従兄弟同士の男児2人が亡くなり、その祖父母が重傷を負った交通事故である。被告人車両に同乗していた被告人の友人3人も怪我をした。

　被告人は当時20歳になったばかり、車両はスポーツタイプのワゴン、事故現場の手前から、クラクションを鳴らしながら走行していた、蛇行運転をしていたなどの目撃証言もあり、報道でも大きく取り上げられた。

　被告人は、自動車運転過失致死傷の被疑事実で逮捕・勾留されたが、捜査の過程で警視庁交通部交通捜査課の職員が実施した速度鑑定で、被告人車両の走行速度が時速95キロメートル前後であったとされ（制限時速は50キロメートル）、危険運転致死傷罪（制御困難な高速度）で起訴された。公判前整理手続の中で、検察側・弁護側双方が専門家に速度鑑定を依頼し、その結果がいずれも時速70キロメートル台であったことから、訴因変更が繰り返され、最終的に自動車運転過失致死傷罪での予備的訴因追加が行われて、裁判員裁判により公判審理が行われた。

　公判では、被告人が蛇行運転をしていなかったことが明らかとなり、制御困難な高速度に該当しないと認定されて、危険運転致死傷罪の成立が否定された。と同時に、被告人の運転態様が「危険極まりない」、「ふざけた運転」と認定され、自

動車運転過失致死傷罪の法定刑上限である懲役7年（未決勾留日数中540日算入）の判決が宣告され、一審で確定した。

　この事件は、警察職員が実施した最初の速度鑑定に、当事者全員が翻弄された事件である。加えて、危険なふざけた運転によって重大な死傷事故が発生した場合に、危険運転致死傷罪が適用されるべきか、自動車運転過失致死傷罪が適用されるべきかという重い課題に、裁判員を含む訴訟関係者全員が直面した事件である。

　当事者の一人である弁護人としては、法廷で結論が出た後は、静かに、失われた幼い命を悼んでいたい考えであるが、弁護活動の反省点も含めて記録に残すことが、今後のより適正な捜査や、法改正・法適用の議論の充実に資すると思われるため、この場を借りて報告することにした。

　なお、本件は、自動車運転死傷行為処罰法の成立・施行前の事件である。

Ⅱ　事故前の出来事

　平成22年12月26日午後9時半過ぎ、被告人は、同い年の友人3人と隣県の温泉施設に向かっていた。この年の仕事が概ね終わり、年明けには成人式も控えていて、開放的な気分になっていた。

　車内にお気に入りのラップ曲が流れ始めるとさらに楽しくなり、路地から事故のあった幹線道路（以下、「本件道路」という）に出る際に、左折しながら片手でクラクションをパッパッパと鳴らした。その後も走行しながら両手でクラクションを鳴らしたため、左側のガードレールに車がぶつかりそうになったこともあった。

　本件道路は、最高速度が毎時50キロメートルと指定されている片側2車線（交差点手前は右折車両通行帯を含め3車線）の直線道路で、上下線および車道と歩道はガードレール・ポールで区別されていた。事故当時、路面は乾燥し、交通量も少なかった。

　被告人は、いったん1つ手前の交差点で赤信号のため停車した後、信号表示に従って発進し、時速70キロメートル台まで加速した。事故現場の交差点近くまで来たところでラップ曲のさびの部分が流れ出し、高揚した被告人は、運転しながら音楽に合わせて身体を揺らした。次の瞬間、前方に中央分離帯が見え、左にハンドルを切ったものの車が立て直せなくなった。

被告人車両は、左方向に弧を描いて滑走し、衝突して止まった。

Ⅲ 捜査の推移

　被告人は、事故現場で現行犯人逮捕された。捜査の焦点は、事故に至るまでの被告人の運転態様と、事故時の走行速度であった。逮捕翌日、被告人は、走行速度を「時速70〜80キロメートルくらいだったと思う」と供述していた。
　この事故には、重要な目撃者が2人いた。1人は、被告人車両の後方を走行していた二輪車の運転手であり（以下、「目撃者A」という）、もう1人は、事故現場交差点の手前で被告人車両が追い越した二輪車の運転手である（以下、「目撃者B」という）。目撃者Aは、被告人車両がクラクションを鳴らしながら本件道路に進入した後、蛇行運転を繰り返していたと供述し、目撃者Bは、自車を追い越したときの被告人車両の走行速度は、時速90〜100キロメートルくらいだったと思うと供述した。
　警視庁交通部交通捜査課の職員による速度鑑定も実施された。年が明けた1月11日付で作成された鑑定書では、被告人車両の走行速度は、時速95キロメートル前後であったとされていた。
　被告人に対しては、厳しい取調べが続けられた。被告人の説明は聞き入れられず、取調官の意に沿う内容しか調書に記載してもらえなかった。目撃証言や鑑定結果に合わせ、取調室の中で事実が次々に作られていった。被告人は、2人の男児が亡くなったことを知らされ、自責の念に駆られて自殺も考えた。取調官の意に反し、自分の体験した事実を説明し続ける気力を失っていった。当時の弁護人は、起訴までに3回くらい面会に来てくれたが、十分に相談することはできなかった。供述調書の署名を拒否できることも、訂正を求めることができることも、その当時は知らなかった。
　起訴前勾留の終盤に作成された被告人の検面調書には、「右と左に強引な車線変更をした」、「蛇行運転をしようと思った」、「時速85〜95キロメートルくらい出ていた」、「その状態から約180度、ハンドルを右に切った」と記載されていた。被告人は、これらの調書に署名・指印した。
　平成23年1月17日、被告人は、危険運転致死傷の公訴事実で起訴された。

Ⅳ 公訴事実

公訴事実は、概ね次のとおりである。
「被告人は、東京都……先の最高速度を時速50キロメートルと指定されている片側2車線道路の第1車両通行帯において、……方面から……方面に向かい普通乗用自動車を運転中、蛇行運転をするために右に急ハンドルを切って第2車両通行帯に進路を変更するに当たり、その進行を制御することが困難な時速約95キロメートルの高速度で自車を走行させたことにより、自車を暴走させ、……」歩道上に立っていた歩行者4名を跳ね飛ばすなどし、2名を死亡させるとともに2名に重傷を負わせたほか、同乗者3名に傷害を負わせたものである。
検察官の証明予定事実は、要旨、被告人が、進行を制御することが困難な高速度での蛇行運転を楽しもうと考え、時速約95キロメートルにまで自車を加速させ、蛇行運転するため右に急ハンドルを切った結果、被告人車両は進行を制御することが困難な状態に陥った、というものであった。
鑑定結果、目撃証言、自白が揃っており、検察官立証は磐石であると思われた。弁護側は、起訴を機に新たに2人の弁護人が加わり、防御していくことになった。

Ⅴ 争点整理①──走行速度──3つの速度鑑定

公判前整理手続の中で、まず争点となったのが、事故時の被告人車両の走行速度であった。これについては、起訴前に警察職員が作成した鑑定書のほか、検察官、弁護人双方が専門家に依頼して鑑定書を作成することとなり、3つの速度鑑定が実施された。なお、**図表**の記載のうち、**a～h**は路面上の痕跡（**b～h**はタイヤ痕、**a**はタイヤ痕様のもの）であり、弧を描く曲線はタイヤ痕と被告人車両のタイヤを図面上で結んだものである。
1つ目は、警察職員（正確には、鑑定業務に従事する者の指定に関する規程により、警視庁交通部交通捜査課に所属する職員の中から指定された交通事故解析研究員）による鑑定である。鑑定事項は、「衝突状況の解明と被告人車両の走行・衝突速度等の推定」であった。衝突状況については、「**a**地点付近で中央分離帯方向へ進行、その後**b**地点付近から右前後輪のタイヤ痕を印象させて歩道方向に暴走したものと推定する」とされていた。速度については、タイヤ痕の印象距離

図表　事故現場見取図

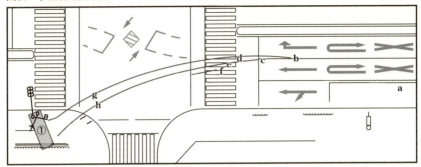

および被告人車両の変形エネルギー（バリア衝突換算速度）から推定し、衝突速度が時速50キロメートル前後、走行速度が時速95キロメートル前後とされていた。

しかし、この鑑定結果には、2つの大きな誤りがあった。極めて簡略に説明すると、まず、被告人車両の変形エネルギー（バリア衝突換算速度）を求めるに際し、車両重量の数値を被告人車両のみの重量として計算し、乗員4名の体重を加えていなかった。さらに、計算式に用いる摩擦係数につき、本来であれば横滑り摩擦係数0.7とすべきところ、一般的な摩擦係数0.8として走行速度を計算していた。いわば単純な計算ミスである。後の2つの鑑定で、いずれも走行速度は時速70キロメートル台だったとの結果が出たのは、当然の帰結であった。

ところが、この鑑定結果を覆すのに弁護人らは苦労した。2人の専門家に意見を求め、3人目でようやく説得力のある鑑定書を作成してくれる専門家を見つけることができた（H鑑定）。H鑑定人は、停止した被告人車両（①地点）から連続して印象された**b～h**タイヤ痕が、横滑り痕（旋回運動時に印象されるタイヤ痕）であることに着目し、これが、被告人車両が限界旋回速度で旋回運動をしていたことの明瞭な物的証拠であるとして、旋回半径から限界旋回速度を算出し、左スピン開始時（**b**地点）の走行速度が時速71キロメートル前後であると結論づけた。**a**地点にあるタイヤ痕様のものについては、連続性がなく被告人車両が印象したものと特定できないとして、判断の対象から除外した。

これに対し、検察官の依頼により、3つ目の鑑定が行われた（Y鑑定）。Y鑑定人は、警察職員の鑑定と同様の算出方法を用い（ただし、車両重量と摩擦係数は修正し）、**b**地点の走行速度を時速約73.4キロメートルとした。加えて、Y鑑定で

は、a地点の痕跡を被告人車両が印象したタイヤ痕であると特定し、この地点の走行速度を時速約75.2キロメートルとした。

ここまでで、本件事故から約1年が経過していた。最初から正しい数値による計算で鑑定が行われていれば、必要のない時間であった。平成24年1月、検察官は、起訴状記載の公訴事実を「時速約95キロメートル」から「時速約75キロメートル」に変更する訴因変更請求を行った。これにより、被告人車両の走行速度は、大きな争点ではなくなった。

VI 争点整理②──「制御困難な高速度」該当性

次に争点整理の対象となったのは、危険運転致死傷罪の構成要件である「制御困難な高速度」該当性である。

検察官の訴因変更は、単に、走行速度を「時速約95キロメートル」から「時速約75キロメートル」に変更しただけであった。前提となる速度が大幅に変更されたのに、「制御困難な高速度」該当性を基礎づける具体的事実の主張は、まったく変更されなかった。そもそも、制限時速50キロメートルの直線道路を時速70キロメートル台で走行することが、なぜ「制御困難な高速度」といえるのか、整理される必要があった。

過去の裁判例においては、「制御困難な高速度」該当性の客観的要素として、①道路の種類、態様(高速道か一般道か、一般道だったときは市街地か住宅街か、道路の幅員、車線数、車道と歩道の区別はあったか等)、②道路の進行の状況(道路は直線道路か、カーブしているか、勾配の程度、路面状況すなわち道路の摩擦係数)、③走行時の交通状況(混んでいたか、空いていたか)、④走行の状況(直線走行か、追い越し走行か等)、⑤異常走行の時間(短時間か、一定の時間継続して走行していたか〔一瞬では不十分とする裁判例もある〕)、⑥自動車の性能、タイヤの種類など、⑦当該道路における一般車の走行速度、走行状況等、が考慮されている。

また、危険運転致死傷罪は故意犯であるから、同罪の成立には、進行の制御困難性を基礎づける事実の認識が必要であるところ、主観的要素については、①速度そのものの認識、②走行への危険性や恐怖心を認識したか、③道路状況の認識(カーブや路面が濡れているかどうかなど)、④これまでの道路利用の有無、ある

とすれば安全な走行速度についての認識内容、⑤運転操作について通常とは異なる状態についての認識の有無、⑥通常とは異なる走行時の車体状況についての認識の有無、⑦高速度走行の選択動機等が考慮される。

　弁護人から検察官に対し、これらの客観的・主観的要素について、それを基礎づける具体的事実の明示を求め、加えて、自動車運転過失致死傷罪での予備的訴因の設定についても求釈明を申し立てたところ、公判前整理手続において、裁判長から、証明予定事実の訂正・追加の検討、および、罰条変更を伴う訴因変更の検討につき、求釈明が行われた。

　平成24年2月末、検察官は、次のとおり、訴因変更請求および予備的訴因（罪名・罰条）追加請求を行い、証明予定事実を補充・追加した。

Ⅶ　訴因変更、予備的訴因（罪名・罰条）追加

1　主位的訴因──危険運転致死傷

　「被告人は、東京都……先の最高速度を50キロメートル毎時と指定されている<u>片側2車線道路</u>において、……方面から……方面に向かい普通乗用自動車を運転中、蛇行運転をするために第1車両通行帯から第2車両通行帯に進路を変更し、更に第1車両通行帯に進路を戻すに当たり、その進行を制御することが困難な<u>時速約75キロメートル</u>の高速度で自車を走行させたことにより、自車を暴走させ、……」（下線部分が起訴時の公訴事実からの変更箇所）。

2　予備的訴因──自動車運転過失致死傷

　「被告人は、普通乗用自動車を運転し、東京都……先の片側2車線道路の第1車両通行帯を……方面から……方面に向かい進行するに当たり、同所は最高速度が50キロメートル毎時と指定されていたのであるから、同速度を遵守すべきはもちろん、ハンドル及びブレーキを的確に操作し、適宜速度を調節して進路を適正に保持しつつ進行すべき自動車運転上の注意義務があるのにこれを怠り、漫然時速約75キロメートルの高速度で進行し、かつ、第2車両通行帯に進路を変更しようとして右にハンドル（筆者注：さらに平成24年9月に「急ハンドル」に訴因変更）を切った過失により、進行の自由を失い、自車を左前方に逸走させて……」。

Ⅷ 争点整理③──発生機序──2人の鑑定人の追加鑑定

　検察官は、主位的訴因について2通の証明予定事実記載書（補充）と、予備的訴因について1通の証明予定事実記載書（補充）を提出した。これに対し、弁護人は、事故に至るまでの被告人の走行態様および事故の原因行為について特定を求め、求釈明申立てを繰り返した。

　検察官は、Y鑑定人に追加鑑定を依頼し、事故直前の被告人車両の挙動と、そこから導かれる被告人の運転操作の状況について、鑑定書が作成された。

　しかし、このY鑑定には、重大な欠点が2つあった。1つは、**a**地点の痕跡を被告人車両が印象したタイヤ痕であると特定し、この地点で、被告人が、時速70キロメートルを超える速度で走行しながら、約180度のハンドル角で右にハンドルを切ったとしたことである。これについては、後の公判で、**a**地点の痕跡は被告人車両が印象したタイヤ痕とは特定できないと認定され、ハンドル角が約180度であったとの鑑定結果も排斥された。

　2つ目の欠点は、鑑定に際し、目撃者Aの供述（鑑定資料としたのは目撃者A立会いの実況見分調書）に依拠して、被告人車両の挙動を特定したことである。目撃者Aは、要旨、「被告人車両がクラクションを鳴らしながら脇道から本件道路に進入した後、さらにクラクションを鳴らしながら蛇行運転を行い、いったん赤信号に従って停車した後、交差点内で前車を無理に追い抜き、その先でも蛇行運転をしたと思ったら、次の瞬間には事故に至った」と供述していた。これを受けてY鑑定では、被告人が、時速70キロメートルを超える速度でスラローム走行（蛇行走行）するに際し、ハンドル角約180度の右急ハンドルを切ったことにより、限界状態で車両の運動を制御できない状態になったと特定した。

　ここまで検察官の証明予定が整理されて、検察官立証の柱が、目撃者AとY鑑定人の尋問に絞られた。

　弁護側では、反証の準備にとりかかった。目撃者Aの供述のうち、赤信号で停車する前の「蛇行運転」については、片手または両手でクラクションを鳴らしながらの運転で軌道が逸れたことに、当事者双方の主張レベルでは争いがなかった。交差点内での無理な追い越し行為については、交差点付近を撮影した防犯カメラ映像を何度も何度も確認した。不鮮明ではあったが、確かに交差点内で前車を追い越す車両は一台も映っていなかった。貴重な客観証拠であった。交差点を過

ぎた後の「蛇行運転」については、検察官証人である目撃者Bの尋問により、それが蛇行運転ではなく、通常の追い越し行為であったことが明らかにできる見込みが立った。

　残るは、Y鑑定の弾劾である。H鑑定人に、さらに2通の意見書を作成してもらい、Y鑑定の矛盾点を詳しく聴き取った。とくに、**a**地点の痕跡については、それ以外の**b**～**h**タイヤ痕は停止した被告人車両から連続しているのに、**a**の痕跡は不連続であるという点だけでなく、**b**～**h**タイヤ痕はすべて斜め縞模様の横滑り痕（ヨーマーク）であるのに対し、**a**の痕跡は縦線のひきずれ痕であり、明らかに形状が異なるという点が指摘された。H鑑定は、Y鑑定と異なり、目撃者供述等の主観的証拠には一切依拠せず、あくまで現場に残された物理的な痕跡だけを見て結論を導き出していた。Y鑑定の弾劾のポイントもはっきりした。

IX　公判前整理手続の結果

　公判前整理手続の結果、本件の争点は、①両訴因共通の争点として、本件事故の発生機序・原因（右急ハンドルか、その後の過剰な左ハンドルか）、②主位的訴因に関する争点として、制御困難な高速度該当性および故意、③予備的訴因に関する争点として、過失の具体的内容（右急ハンドルか、その後の過剰な左ハンドルか）に整理された。

　罪体に関する立証は、検察官請求書証のほか、目撃者AおよびB、防犯カメラ映像の画像解析を行った警察官、Y鑑定人、H鑑定人、同乗者1名の尋問と、被告人質問が実施されることとなった。

　また、制御困難な高速度の説明については、弁護人は、多くの判例で用いられる「当該速度での走行を続ければ道路の形状等の状況、車両の構造・性能等の客観的事実に照らし、あるいは、ハンドルやブレーキの操作のわずかなミスによって自車を進路から逸脱させて事故を発生することになると認められる速度」との説明概念を用いる予定である旨をあらかじめ示し、評議においては、裁判所が具体的な必要に応じて説明を行うこととなった。

Ⅹ 公判

　公判では、目撃者Aの「蛇行運転をしていた」という証言が、目撃者Bや同乗者、防犯カメラ映像などの他の証拠により崩れ、それに依拠していたY鑑定の信用性も弾劾された。判決では、「本件事故の直接的なあるいは主要な原因は、車内で流していた音楽のリズムに合わせて右急ハンドルを切るという被告人の不適切なハンドル操作に求められるべきであり、進行速度が速すぎたがために生じた事故とは評価できない」と認定され、制御困難な高速度該当性が否定された。
　それと同時に、判決で「危険極まりない」、「ふざけた運転」と指摘された被告人の運転態様が、証拠調べが進むにつれて明らかになった。
　被告人は、脇道から本件道路に入る鋭角の交差点を左折して進入する際、片手でクラクションを鳴らしながらハンドルを切ったため、車両が右側に膨らむような形で進行した。その後は両手で交互にクラクションを鳴らしながら進行したため、左側のガードレールにぶつかりそうになり、同乗者に注意された。次には、元の車線に戻るため右方向に車を進めた。後方からその様子を見た目撃者Aが、蛇行運転と誤解するのも無理からぬことである。
　車内に流れていたラップ曲も、法廷で流された。テンポのよいその曲調に、その場にいた誰もが、時速70キロメートル台で走行中、この曲のリズムに合わせて身体を揺らす、あるいは、ハンドルを切って車体を揺らすという行為を思い描き、戦慄を覚えたであろう。
　男児2人の小さな痛ましい姿を写真で見た訴訟関係者は皆、なぜこんな危険な運転が危険運転致死傷罪で処罰されないのかと、受け入れがたい理不尽さを感じたに違いない。
　検察官は、冒頭陳述で、制御困難な高速度の解釈として、「(蛇行運転を行おうという意思を持ちながら)急ハンドルを切るつもりで時速75キロメートルの速度で走行させ、急ハンドルを切ったという個別事情を考慮すべき」と述べ、論告では、「被告人がとろうとした運転方法・走行経路も考慮に入れて考えるべき」と訴えた。訴追側としては当然の意見である。
　しかし、弁護人としては、「制御困難な高速度とは、速度自体から導かれる制御の困難でなければならない」と述べざるをえない。そこに運転操作という個別の事情を考慮していくと、どこまでが過失でどこまでが危険運転かについての区別が

曖昧になってしまう。過失があったときに、法定速度を上回っていれば危険運転致死傷罪が成立するのだとすれば、速度違反のもとで犯された過失については、およそ危険運転とされてしまうということが生じかねないからである。

XI 判決

　平成24年11月16日の判決では、危険運転致死傷罪の成立が否定され、自動車運転過失致死傷罪の法定刑上限である懲役7年（未決勾留日数中540日算入）が言い渡された。判決後の記者会見では、裁判員から、法律の不備、法適用の限界を指摘する声が相次いだと聞いている。

　なお、本件では、異例であるが、論告弁論に先立ち、裁判長から、検察官、弁護人双方に対し、主位的求刑（弁護人については予備的訴因にかかる量刑意見）に加え、予備的求刑（弁護人については主位的訴因にかかる量刑意見）を述べるよう促された。検察官の主位的求刑は懲役15年、予備的求刑は懲役7年であった。弁護人からは、具体的な量刑意見を述べなかった。

XII 弁護活動を振り返って

　この事件の弁護人には、公判前整理手続の中盤から加わった。すでに1通目のH鑑定書が作成され、検察側のY鑑定（速度鑑定）の結果を待っている頃である。したがって、担当したのは、公判前整理手続の弁護活動のうち最終的な争点・証拠の整理と、公判弁護活動であった。

　弁護活動を振り返ると、まず、もっと争点の整理を緻密に行うことができたのではないかと思う。もっと求釈明申立てを効果的に行い、検察官の主張をさらに絞り込めていれば、防御の対象がよりシンプルになり、裁判員にもわかりやすい公判弁護活動につながったと思われる。たとえば、発生機序や過失の特定の場面で、「右急ハンドルか、その後の過剰な左ハンドルか」という対立点は、右ハンドル自体は争っていない弁護人がなぜその主張をするのか、裁判員にはわかりにくかったのではないかと反省する。事後的に考えれば、検察官の主張の把握が不十分だったため、弁護側のケースセオリーも不明確なまま公判を迎え、防御の対象が広がりすぎた印象である。求釈明申立てとケースセオリーの構築は、重要である。

交通事故事件では物理学であるが、いうまでもなくさまざまな事件で、専門的知識の習得は必要である。鑑定書は専門家が作成してくれるが、それを法廷に顕出し、判断者を説得するのは弁護人の仕事である。専門的知識の理解が不十分では、尋問に失敗する。本件で知識を活かし、反対尋問でY鑑定人を弾劾した相弁護人には、敬意を表する。

　そして、なによりも接見の重要性である。弁護人に加わってから約1年間、被告人とは、できる限り長時間、接見して話をするように心がけた。時には説教になったり、一緒に泣いたり、同じ本を読んで感想を述べ合ったり、どうすれば償いができるのか一緒に考えた。それでも、ご遺族はむろん、裁判官・裁判員にも、理解してもらえるだけの反省を、被告人質問で十分に示せなかった。被告人が反省していなかったのではなく、弁護人として十分に引き出せなかったと認識している。接見は、重要である。

XIII　さいごに

　この事件は、警察職員が実施した最初の速度鑑定に、当事者全員が翻弄された事件である。捜査機関には、事故の重大さや主観的な供述証拠に左右されるのではなく、客観的な証拠を正しく見極め、より適正な捜査を行ってほしいと切に願う。

　加えて、危険運転致死傷罪と自動車運転過失致死傷罪の狭間という重い課題は、法改正を経てもなお残されている。この課題にあたっては、被害者遺族を取材した書籍も出版されているので、双方の視点から考えていただきたいと希望する。

（もりおか・かおり／第一東京弁護士会）

ケース⑩

オービス写真を用いた顔貌鑑定の推認力

百武大介

> 被告人名義と第三者名義の各車両を運転していたことを理由に速度違反を訴因として起訴された被告人について、オービス写真を用いた顔貌鑑定は犯人性認定の十分な証明力がない、などとして（第三者名義車両の運転につき）無罪が言い渡された事件（一審確定）。

I 事件の概要

　本件は、併合罪として起訴された2件の道路交通法違反（速度違反）事件（道交法118条1項1号、22条1項、同法施行令11条）である。

　公訴事実の第1（以下、「第1事件」という）は、被告人（以下、「X」という）が、平成20年6月12日午前5時12分頃、北海道小樽市付近の道路を、第三者名義の普通乗用自動車を運転中、法定の最高速度（60キロメートル毎時）を31キロメートル超える91キロメートル毎時の速度で進行したというものである。

　一方、公訴事実の第2（以下、「第2事件」という）は、Xが、同月13日午前0時28分頃、前記道路を、X名義の普通貨物自動車を運転中、法定の最高速度（60キロメートル毎時）を31キロメートル超える91キロメートル毎時の速度で進行したというものである。

　なお、自動車の速度測定についてはさまざまな方法があるようであるが（小林充・植村立郎編『刑事事実認定重要判決50選（下）〔第2版〕』〔立花書房、2013年〕165頁〔村越一浩〕参照）、本件は、現場付近道路の頭上に固定設置された、レーダー式の高速走行車撮影端末装置（以下、「オービス」という）により撮影された写真（以下、「オービス写真」という）が捜査の端緒となったものであった。

II 本件の争点および重要ポイントの概略

　速度違反の否認事件は、オービスの誤探知を争点とするものが多いように思わ

れるが(たとえば、最一小判平19・4・23集刑291号639頁)、本件の主たる争点は、違反車両の運転者は被告人であるか否かの犯人性であり、当該運転者を撮影したとするオービス写真、および後述の顔貌鑑定書の証明力をどう評価するかという点が重要なポイントであった。

防犯カメラの普及に伴い、犯人と被告人の同一性を示す証拠として顔貌鑑定が証拠として請求されることは、それほど稀ではなくなってきているようである(判例タイムズ1285号335頁〔名古屋地判平19・11・13〕参照)。もっとも、防犯カメラの映像等は、不鮮明であったり撮影角度の問題もあったりするため鑑定困難な場合も多いであろう。

しかしながら、道路頭上に設置された固定式のオービスにより写真が撮影される場合、自動車の運転者は通常真正面を向いて運転すること、十分に接近した状態で写真が撮影されること等から、オービス写真は、顔貌鑑定の鑑定資料として比較的良好なものとして保存される可能性が高い。そのため、速度違反事件における顔貌鑑定の証明力を弾劾する場合には、犯人の顔画像が不鮮明であるといった鑑定資料の不良性のみならず、用いられた鑑定手法を踏まえた、より踏み込んだ形での反証活動が必要となる。

他方、顔貌鑑定は、指紋鑑定などと異なり、現段階では、手法が確立しているとはいいがたいとの指摘もなされているうえ(判例タイムズ1285号336頁)、入手可能な文献もあまりないようである。そのため、筆者がそうであったように、初めて犯人性が争点となる速度違反事件を担当することになった場合には、困惑する場合もあろうかと思われる。

そこで、まずは、筆者において確認できた文献(吉野峰生・宮坂祥夫『捜査のための顔の法科学的識別』〔令文社、2000年〕、高取健彦編『捜査のための法科学 第一部(法生物学・法心理学・文書鑑識)』〔令文社、2004年〕。いずれも絶版)と本公判廷で取り調べられた関係各証拠を踏まえ、現段階における顔貌鑑定の概要を整理しておきたい。

1 顔貌鑑定における各検査手法について

(1) 形態学的検査

比較対象となっている顔画像を構成している部位ごとに形態分類を行い、それらの部位の型に違いがあるかどうかを確認する手法。検査部位としては、顔型(輪

郭)、眉、眼、鼻、口、耳、額、その他(ほくろの有無等)の8項目である(前掲吉野・宮坂52〜62頁および高取161〜166頁には、各部位ごとにその出現頻度が記載されているものもあるので、参考にされたい。なお、同書らには、「額」は検査項目として記載されていない)。

　たとえば、顔型(輪郭)については、Pöchの10類型(楕円型〔Ⅰ〕、卵円型〔Ⅱ〕、逆卵円型〔Ⅲ〕、丸型〔Ⅳ〕、四角型〔Ⅴ〕、正方型〔Ⅵ〕、菱形〔Ⅶ〕、僧帽型〔Ⅷ〕、逆僧帽型〔Ⅸ〕、五角型〔Ⅹ〕)のいずれかに分類して比較検討を行うことになる。

(2)　人類学的計測検査

　比較対象となっている顔画像に複数の計測点を置き、その計測点間の距離を用いて算定した指数を比較し、有意な違いがあるかどうかを確認する手法。指数を算定する部位としては、顔型、眼、鼻、口、額の5カ所のようであるが、検査項目としては1項目として数えられている。そのため、たとえば、顔型、眼、鼻、口の各指数は誤差の範囲内で一致したが額の指数が誤差の範囲を超えて異なっていた場合に、これを一致したものとして評価するのか相違したものとして評価するのかは不明。

(3)　顔画像スーパーインポーズ法

　比較対象となっている顔画像を重ね合わせ、それがどの程度矛盾なく行われているかを確認する手法。検査項目としては概ね一致しているかどうかの評価のみとなるので1項目である。

2　顔貌鑑定における鑑定主文について

　形態学的検査8項目、人類学的計測検査1項目、顔画像スーパーインポーズ法1項目の10項目を検査対象とし、その一致数に応じて、「同一人と推定される」、「おそらく同一人と推定される」、「同一人の可能性がある」、「同一人か別人か判断することができない」、「別人と推定される」の5つの鑑定主文のいずれかに振り分ける(前掲吉野・宮坂85〜86頁、高取170頁によれば、「同一人か別人か判断することができない」場合には、鑑定嘱託を受けないことを原則としているとのこと)。

　なお、本件の顔貌鑑定を行ったという北海道警察本部刑事部科学捜査研究所技術職員(以下、「科捜研技官」という)の本公判廷における証言によれば、前述した検査項目10項目のうち5項目以上一致すれば、「同一人と推定される」と判断してよいとのことであるが、その理由については不明である。

III 弁護活動の概略と判決に至る経過

1 Xとの初の打合せ——オービス写真と本当に同一人物なのか？

　本件は、道路交通法違反の中でも速度違反という比較的軽微な事案であり、Xは、本件の公訴時効期間の満了間際である平成23年6月2日（刑訴法250条2項6号、道交法118条1項1号）に札幌簡易裁判所に在宅起訴され、平成23年6月24日に筆者が国選弁護人に選任された。第1回公判期日は、平成23年8月12日であった。

　その後、検察官請求証拠の謄写を受けたところ、証拠の中にはオービス写真の貼付された速度測定記録書が存在した。実際のオービス写真を見るのは初めての経験であったが、噂に聞いていたとおり、運転席の人物は比較的鮮明に撮影されており、第1事件と第2事件のオービス写真の運転席の人物は印象としては似ているように見受けられた。また、第1事件と第2事件のいずれについても、「ただいま見せてもらった写真に写っている車を運転しているのは、私に間違いありません」という記載とともにXの署名・指印のある自白調書も存在した。

　そのため、筆者は、主たる弁護方針は反省と再犯防止程度になるものと予想していた。ただ、自白調書の供述録取場所と起訴状に記載されているXの住所が、いずれも病院名となっていた点が若干気にはなった。その後、Xに連絡をとり、公判準備に向けて事務所でXと打合せをすることとなる。

　打合せ当日、初めてXを目の前にして、率直に言って驚いた。

　Xが、検察官請求証拠中のオービス写真の人物とは印象が大きく異なっていたためである。今思えば、このときの第一印象が、その後の弁護活動のエネルギーになっていた気がする。

　そこで、第1事件と第2事件のオービス写真の人物は本当にXなのか、自白調書にはなぜ署名・指印してしまったのか等をXより聴取し、その結果、第1回公判期日の冒頭手続において犯人性を争う意見を述べることとなった。こうして、本件は犯人性否認による無罪主張事件となり、審理の場は札幌地方裁判所に移された。

2 検察官からの追加書証の提出

　犯人性が争点となったため、検察官から追加書証が提出された。

その中には、科捜研技官作成の鑑定書（以下、「顔貌鑑定書」という）も含まれていた。
　この顔貌鑑定書には、鑑定資料として、第1事件のオービス写真（以下、「写真①」という）、第2事件のオービス写真（以下、「写真②」という）、およびXの運転免許証の写真（以下、「写真③」という）を用いたこと、写真①～③の異同識別については、形態学的検査、人類学的計測検査、および顔画像スーパーインポーズ法を用いたこと、そして、写真①と写真③の顔貌鑑定（以下、「顔貌鑑定①」という）を行い、鑑定主文を「おそらく同一人と推定される」としたこと、また、写真②と写真③の顔貌鑑定（以下、「顔貌鑑定②」という）を行い、鑑定主文を「同一人の可能性がある」としたこと等が記載されていた。
　これにより、犯人性に関わる大まかな弁護方針としては、顔貌鑑定書と自白調書の弾劾とすることがほぼ固まった。

3　顔貌鑑定書の弾劾に向けて
(1)　顔貌鑑定書の内容
　前述したとおり、本件の顔貌鑑定書には、写真①～③の異動識別を、形態学的検査、人類学的計測検査、および、顔画像スーパーインポーズ法により行ったことが記載されていたが、それぞれいかなる検査手法であるかについての一般的説明は記載されていなかった。
　また、顔貌鑑定書中の「人物の顔型をPöchの10類型に基づいて分類」、「眉の形状がおおむね……型で」等の記載から、形態学的検査とは各写真中の輪郭や眉といった顔の部位ごとに、それらを何らかの「型」に分類した検査であろうと推測はできたものの、そうであればその型が何種類あり、どういった要素があれば何型に分類されることになるかの説明も必要と思われたが、そのような記載もなかった。
　さらに、鑑定結果として記載されている「おそらく同一人と推定される」と「同一人の可能性がある」以外に、他に何段階の評価があるのか、また、各評価に至るための基準等についても記載はなかった。
　そして、顔貌鑑定書以外に、その鑑定手法を解説する文献等も検察官からは証拠提出されなかった。

(2) 弾劾の目標

　筆者は、顔貌鑑定の手法について記載された文献等を調査したが、当時はそのような文献も参考裁判例も発見することができなかった。

　しかしながら、前述した理由から、形態学的検査とは、人の顔の部位ごとにその形態を分類する手法であろうと推測することはできたことから、顔貌鑑定書の中でいかにも平均的な型の名称がついている部分に着目し、オービス写真の人物とXとで一致した型が特徴的なものではないこと（日本人に最も多い型である等）を科捜研技官に証言させることを目標とした。

　また、顔貌鑑定書には、各顔画像に配置された計測点記号を用いた数式が記載されており、それに関連する形で「〜指数」という記載もあったため、人類学的計測検査とは、顔画像に配置した計測点間の距離を用いて算定した指数を比較する手法であろうと推測することはできた。そこで、影もある不鮮明な画像ではそもそも計測点の配置の仕方がまちまちとなる危険性があり、正確な指数を算出することは困難であること、および、人類学的計測検査により得られた指数が特徴的なものではないことを科捜研技官に証言させることを目標とした。

　さらに、顔画像スーパーインポーズ法については、その名称から、2つの画像を重ね合わせて同一性を判断する手法であろうと推測することができたので、科捜研技官の反対尋問において、重ね合わせ画像中ずれが生じている部分を証人に自認させることを目標とした。

(3) 科捜研技官の証人尋問

　平成23年11月17日に、顔貌鑑定書を作成した科捜研技官の証人尋問が行われた。当該尋問においては、科捜研技官より、形態学的検査や人類学的計測検査において一致したという一部の項目について、最も出現頻度の高い型であるといった趣旨の証言を得ることができ、また、スーパーインポーズ法による重ね合わせ画像については、「ずれてはいると思います」との証言、さらに「鑑定資料中に、特に目を引くような特徴点はなかった」という証言も得ることができた。

4　自白調書の弾劾に向けて

(1) 取調べの状況

　本件では、第1事件についても第2事件についても自白調書が存在したため、その任意性や信用性を弾劾できなければ、Xが有罪となる危険性は高いように思

われた。そこで、Xより自白調書作成時の状況を聴取したところ、本件自白調書は、病院に入院していたXの個室に2名の取調べ警察官がやって来て、Xを含めた3人のみがいる状況下で作成されていたことがわかった。

　これを受け、筆者は、たとえ取調べの場所が留置場ではなかったとしても、取調べ当日のXの体調や取調べ状況によっては、個室の病室は強制的要素を伴った取調室に近い状態と評価できる場合もあるのではないかと考え、病中の取調べ事案（たとえば、浦和地判平2・10・12判時1376号24頁：「当時被告人が健康を害しており、取調べに耐え得る状態でなかった疑いすら存するのに、捜査官が、右健康状態に何らの関心を抱くことなく、従って、病気の被告人に対し何らの配慮も加えることなく、漫然と取調べを継続したことは、甚だ適切を欠く措置であったといわなければならず、右の点もその結果作成された自白調書の任意性に相当重大な影響を及ぼすといわざるを得ない」）を参考に、任意性を否定することを弁護方針とした。

(2)　取調べ時のXの状態

　その後、Xから当時の取調べ状況（取調べ警察官らの言動のほか、ナースコールや出入口と取調べ警察官らの立ち位置等）を詳細に聴き取るとともに、Xが入院していた病院からXの診療録等の取寄せを行った。すると、Xは、取調べ当時は頸椎症性脊髄症のみならず大脳や脳幹にも損傷を受け、左上下肢の強い麻痺状態にあったことを疑わしめる医療記録が確認された。また、取調べ当日の診療録には、「坐位保持もつらい」との記載がなされていた。

　そこで、任意性についての主張をさらに説得力あるものとするために、当該病院の主治医と担当看護師に面談を申し込み、証人尋問等への協力を依頼したが、さまざまな理由からその協力を得ることはできなかった。そのため、Xとも相談のうえ、最終的には、弁護士会照会に対するXの主治医の回答結果や、Xの診療録等を証拠として提出するにとどまった。

(3)　取調べ警察官の証人尋問

　第10回公判期日で、自白調書を作成した取調べ警察官2名の証人尋問が行われたが、前述した診療録等の記載やXの公判供述では反証材料として乏しく、残念ながらあまり有効な反対尋問はできなかった。

　もっとも、尋問の中で、本件自白調書は、まず、X名義の車両が写った写真②がXに提示されて第2事件についての自白調書が作成され、その直後に第三者名

義の車両が写った写真①がXに提示されて第1事件についても自白調書が作成されたということが判明した。

5 オービス写真の運転席の人物の他人性立証に向けて

(1) 写真①について

写真①には、運転席の人物のほか、助手席に違反車両の所有名義人も撮影されていた。そこで、当該所有名義人に連絡をとったところ、証人尋問にも協力してもらうことができ、証人尋問の際には、事件当時に当該車両を運転していた人物はその日初めて会った人物ではあるが、公判廷にいるXではないという趣旨の証言を得ることができた。

(2) 写真②について

一方、写真②には、運転席の人物以外には誰も撮影されていなかったものの、撮影された車両はX名義の車両なのだから、当該車両が事件当時に盗難に遭っていたなどの事情がない限り、Xがオービス写真に写っている人物が誰であるかを供述できるように思われた。そして、仮に、それが誰であるかを積極的に主張立証しうるのであれば、アリバイ主張事案に類似する形で、Xにとって有効な防御となりうるものであった。

ところが、Xは、運転席の人物がXの知人に似ているとは思ったものの、同人の氏名も連絡先もわからないため信じてもらえないと思ったこと等を理由として、そのような供述を第9回公判期日までしてこなかった。この点については、いかなる理由があったにせよ、当初からXの言い分を十分に聴き取ることができなかったことが悔やまれる。

また、結局、Xが当該知人の氏名も連絡先もわからないというのであれば、そのような公判供述をしたところでXにとって有効な防御とはなりがたいこと、むしろ、そのような公判供述を訴訟の終盤になってすることは不合理な供述変遷との誹りを免れないことからすれば、この点については、Xと十分に打合せをしたうえ、あえて触れないという弁護方針をとるべきだったのではないかと反省している。

Ⅳ 判決

結論として、裁判所は、第1事件についてはXを無罪とし、第2事件については

Xを有罪とし、Xに罰金4万円を命じた（なお、求刑は罰金8万円である）。

　裁判所は、まず、第2事件の犯人性を検討する説示の中で、個人が自動車を所有管理する場合、所有管理者が当該自動車を運転するのが通常であることから、写真②にX名義の車両が写っていることは、それ自体で、Xが第2事件の犯人であることを相当程度推認させるとの判断枠組みを提示した。そして、写真②にX名義の車両が写っていること、自白調書が作成された当時のXの体調は万全ではなかったものの取調べに耐えられない状態ではなく、病室における取調べも第三者が入室する可能性のある状態で行われていること等から自白調書には任意性も信用性も認めることができること、および写真②に写っている人物は、Xの知人だと思う旨のXの公判供述は信用できないこと等を理由として、Xの犯人性を肯定した。

　一方、第三者名義の車両が写っていた第1事件については、顔貌鑑定①は犯人とXの同一性を積極的に認定するだけの証明力を有しているものではなく、同一人であっても矛盾しないという限りにおいての証明力を有するにとどまること、速度超過は、運転者がとくに意図せずとも犯す可能性がある犯罪であり、運転者に明確な記憶がなく、記憶混同している場合もありうることからすれば、事件から2年以上経過した時点で、Xの犯人性を相当程度推認させるX名義の車両が写った写真②を示した後に、その運転者に似たように見える写真①を示す場合、Xが実際に犯行に及んでいなくとも運転者を自己と認めてしまう危険性があることからすれば、第1事件についての自白調書は信用できないこと、およびXと違反車両の所有名義人（写真①の助手席の人物）とのつながりを示す証拠もないこと等を理由として、Xの犯人性については、検察官が主張する事実や証拠の積み重ねによっても合理的な疑いを容れない程度の証明がなされたとはいえないとした。

　なお、裁判所は、顔貌鑑定については、その検査手法として、前述した形態学的検査、人類学的計測検査、および顔画像スーパーインポーズ法という3種類の方法があることを指摘したうえで、以下のように説示した（速度違反事件ではないものの、顔貌鑑定について説示したその他の裁判例として、名古屋地判平19・11・13判例タイムズ1285号335頁もあるので参照されたい）。

　「顔貌鑑定①は、形態学的検査における部位の相違の判断や、顔画像スーパーインポーズ法における合致しているかどうかの判断について、いずれも鑑定人の主観的判断が影響を及ぼす手法である。また、A（筆者注：科捜研技官）は、形

態学的検査において一致したとされる顔型のペッヒⅠ型（楕円型）について、鑑定をやった中で4割程度が楕円型と述べ、人類学的計測検査において一致したとされる顔型の中顔型や鼻の中鼻型について、いずれも日本人において一番多い型と述べており、これだけでは写真①の運転者と被告人の同一性を示すほどの特徴とは考えにくいし、顔貌鑑定①において一致したとされるその余の各項目がどの程度、同一性を示すものかも明らかにされてない。さらに、Aは、顔貌鑑定では、形態学的検査8項目、人類学的計測検査、顔画像スーパーインポーズ法の合計10項目の検査を行い、そのうち5項目以上が一致すれば、同一人と推定されると結論付けてよいと述べるが、主観的判断が影響を及ぼす形態学的検査が検査項目の多くを占める上、一般的に一致する項目が増えれば同一人の可能性が増すとはいえるものの、一致する項目が5項目以上であれば同一人と推定できるという根拠も明らかでない。加えて、顔貌鑑定①においては、写真①の画質が余り良くなく、耳の形状は不鮮明で、鼻もその細部は必ずしも明らかでない。また、顔画像スーパーインポーズ法では、左眉の位置（甲24図12）や耳の位置（同図13）にずれがあるが、その点が、人物の同一性の判断にどのような影響を与えるのかについて十分な説明はなされていない。

そうすると、顔貌鑑定①は、写真①の運転者と写真③の被告人の同一性を積極的に認定するだけの証明力を有しているとはいえない。

もっとも、顔貌鑑定①においては、形態学的検査8項目中5項目において類似性が認められるとの判断がなされ、人類学的計測検査についても複数の点で類似性が認められ、顔画像スーパーインポーズ法でもずれは多くない。

そのため、顔貌鑑定①は、写真①の運転者と写真③の被告人が同一人であっても矛盾しないという限りにおいて証明力を有するものと認められる」。

Ⅴ　オービス写真の車両名義を踏まえた弁護活動について

本件事案が特殊であったのは、第1事件と第2事件が同一の犯行現場で連日にわたって行われている一方、オービス写真に写っている車両が第三者名義か（第1事件）、Ｘ名義か（第2事件）という点に違いがあったという点である。

もちろん、本件は一事例判決にすぎず、安易な一般化はできない。

しかしながら、判決文中の、個人の場合には所有管理者が自動車を運転するの

が通常であるからオービス写真にX名義の車両が写っていることそれ自体がXの犯人性を相当程度推認させること、仮にXが第三者にX名義の車両を使用させた場合には、Xは当該第三者が誰であるかを説明できるはずであるという判断枠組みは、十分説得力ある説示のように思われる。

それでは、上記判断枠組みを前提として、オービス写真に写っている車両が被告人名義であった場合、弁護側においてどの程度の反証活動が必要であろうか。

この点、アリバイ主張事案の過去の裁判例の分析によれば、検察官側の積極的な立証の程度と被告人・弁護人側のアリバイの立証の程度とは相関関係があるとされていることも踏まえると（小林充・植村立郎編『刑事事実認定重要判決50選（下）〔第2版〕』〔立花書房、2013年〕342頁〔波床昌則〕参照）、オービス写真に写っている車両が被告人名義の車両である場合には、弁護側で、運転席に写っている人物が第三者であることを十分に立証する必要があることになりそうである。たとえば、被告人が車両を他者に貸していたというのであれば、当該他者の証人尋問等において、車両を貸し借りした時期、経緯、具体的なやりとり等を十分に立証する必要があるほか、場合によってはオービス写真の運転席の人物と当該他者との顔貌鑑定を求めることも検討する必要があるかもしれない。また、事件当時、車両が盗難に遭っていたというのであれば、被害届や保険会社作成の事故受付票等は証拠として提出する必要があろう。いずれにせよ、被告人の公判供述のみでは心許ないといえる。

しかしながら、本件もそうであったように、速度違反事件が、3年の公訴時効期間（刑訴法250条2項6号、道交法118条1項1号）の満了間際に起訴されることも少なくないことからすれば、証拠の散逸等により、かかる弁護側の立証は必ずしも容易なことではないように思われる。

一方、車両が第三者名義のものであれば、原則どおり検察官側がオービス写真の運転席の人物が被告人であることを十分に立証する必要がある。

そのため、弁護側としては、自白調書、車両名義人の証言、および顔貌鑑定等の弾劾が主たる弁護活動となろう。

VI おわりに

本件は、筆者が弁護士1年目から担当した事案であり、在宅事件特有の難しさ、

国選弁護人の孤独さ、弁護活動に対する反省や後悔、一部無罪の言渡しを受けたときの高揚感、他方でXが一部有罪となってしまったことに対する無念さなど、さまざまな気持ちが思い起こされる大変思い入れの強い事案であった。

また、この事案を通じて、安易な見通しを立てずにXの言い分を十分に聴き取る能力の重要性と、弁護活動の本質は立証ではなく弾劾であるという司法研修所での教えをひしひしと感じた次第である。

速度違反事件ではオービスの誤探知が争点となることが多いと思われるが、顔貌鑑定についての文献等が未だ乏しい現状において、もしも犯人性を争うこととなった場合に、本稿が弁護活動の一助となれば幸いである。

（ひゃくたけ・だいすけ／青森県弁護士会）

座談会

交通事件の弁護活動はどのように行うか

高山　俊吉 たかやま・しゅんきち	司会。弁護士（21期・東京弁護士会）。『交通事故事件の弁護技術』編者の一人。ほかに『交通事故事件弁護学入門』（日本評論社、2008年）、『道交法の謎―7500万ドライバーの心得帳』（講談社プラスアルファ新書、2004年）などの著書がある。本書編者。
永井　崇志 ながい・たかし	弁護士（33期・第一東京弁護士会）。退官まで26年間裁判官を務めた（前半が刑事、後半が民事）。本書編者。
赤坂　裕志 あかさか・ひろし	弁護士（53期・第一東京弁護士会）。『交通事故事件の弁護技術』編者の一人。本書編者。
中間　陽子 なかま・ようこ	弁護士（62期・千葉県弁護士会）。ケース❷報告者。
戸城　杏奈 としろ・あんな	弁護士（59期・奈良県弁護士会）。ケース❸報告者。
新川登茂宣 しんかわ・とものり	弁護士（39期・広島弁護士会）。ケース❹報告者。
彦坂　幸伸 ひこさか・ゆきのぶ	弁護士（60期・神奈川県弁護士会）。ケース❺報告者。
百武　大介 ひゃくたけ・だいすけ	弁護士（63期・青森県弁護士会）。ケース❿報告者。
本庄　武 ほんじょう・たけし	一橋大学教授（刑事法）。著書に『危険運転致死傷罪の総合的研究―重罪化立法の検証』（共著、日本評論社、2005年）がある。

高山　今日は、皆さんのケース報告の中から交通事故事件に共通するいくつかの論点を抽出し、討論の柱を立てて、これに沿って議論を進めていこうと思っています。もっとも、理論的に整理して専門家の討論会のような内容にするつもりはありません。交通事件の少し専門的な分野に足を踏み込んだ感慨を共有したい。交通事件には弁護士として取り組む価値があるということを読者にお伝えできれば目的達成と考えています。よろしくお願いいたします。

I 捜査側立証と切り結ぶ

高山 まずは、検察の立証の弱点をどこでつかもうとされたのか、一番の着目点についてお話ししていただければと思います。

彦坂さんの事案は、鑑定などには踏み込まなかったけれど、真相の究明で大変苦労されたように感じますが。

1 整理手続による証拠開示請求

彦坂 私の事件は、路上に横臥している人を轢いてしまった事案です。運転者は、マンションの普通の駐車場から車道に出る際、左右を見たが全然気づかなかったと言う。私たちは、誰でも発見できないのではないか、誰が運転していても避けられない事故ではないかと考え、過失を争いました。結果は残念ながら有罪でしたが、審理のプロセスには多くの教訓がありました。

私は、なんといっても証拠開示が重要だと思います。まず整理手続に付させたのがポイントでした。当時、私は、3件ぐらい否認事件をやっていて、いずれも期日間整理手続を求め意外にあっさり期日間整理手続に付されました。

整理手続に付されれば類型証拠開示は義務ですから、検察官は証拠を開示しなければならない。出さない証拠については裁定を求めることができるし、主張関連証拠も開示を求められる。検察側の証拠をとると公訴事実と矛盾する証拠や検察官の主張と相反する証拠も出てくる。検察官が気づいていないポイントも出てくる。もっとも最近は、手続が長くなるので、公判前整理手続や期日間整理手続について裁判官は消極的な傾向を示しているように感じます。まずは粘り強く整理手続を求めるのが重要だと思います。

彦坂幸伸

赤坂 実は、私もこの事件を彦坂さんと一緒にやったのです。見えるか見えないかというところをきちんと議論の俎上に乗せようと努力し、裁判官にぜひ運転してほしいと求めました。さまざまな経過がありましたが、最終的に裁判

官が車を運転して検証が実施されました。

この事件で弁護側が苦労したのは、視認状況をどう証拠化するかということでした。人間の目で見た状況を視認化する方法論です。写真を切り貼りしても紙芝居のようになってしまうし、カメラの視界が人間の目より狭いので、対象にカメラを向けなければならないのですが、そうするとちょっとですが写ってしまう。議論した結果、彦坂さんは、人間の視野に近いかなり広角のカメラをわざわざ買って、自家製の帽子様のものにカメラを取り付けて撮影し、それを証拠に出しました。

高山俊吉

彦坂 動画の形式で撮りましたね。見えてもそれは本当に一瞬なのだということを明確にしようということで、それを出しました。仮に見えても、全体の視野の広さの中ではかなり部分的だということを理解させるのが目的でした。

新川 人間の視角も写真と同じように一定の範囲に広がりますが、人間の場合は拾い上げるものは意識的な働きによります。写真に写っていても、人間の意識として取り込まれているかどうかは別ですね。そのギャップの判断については非常に難しいところがあります。

赤坂 その点は、人間工学を研究されている堀野定雄教授に登場していただき、検証実施に先立って、人間工学の見地に立って考えると路上横臥者は気づきえなかっただろうという証言をしてもらいました。

高山 事故時の状況の再現というのはつまりはフィクションですから、事実とフィクションをつなげる方法をどうするかという共通の難題がありますね。今のお話の中で、検証をやれたということ自体が貴重だったという気がします。どうして検証を実現できたのかというあたりに触れていただけますか。

彦坂 私たちは、期日間整理手続を通じて、「普通の運転者であれば気づかない」ということを繰り返し繰り返し発信しました。検証を視野に入れながら、堀野教授の意見も踏まえて手続を進めていきました。

また、裁判長は、当初から「見ないとわからないかね」などと検証を望むような態度を示していたことが幸いしました。検察官が立証の柱としていた再現実験の

実況見分調書には、運転席の視界とかこの位置からの視界というような写真が何枚かありましたが、これを調べた後、裁判長が「これでは有罪の心証はとれませんね」というような言葉を発したんです。そこで検察官が、「では検証してください」と言った。言わざるをえなくなったのですね。

高山 裁判官に恵まれたのかなという感じもしますが、やはり彦坂さんたちの問題意識がそこに追い込んだというか、追い詰めていったのでしょうね。

さて、今「再現実験」という言葉が出ました。事件を再現して事実を判断する契機にするというやり方ですね。認識の契機としてそれは適切なのかという議論が必ずあると思います。そのへんの経験なり考えなりがあればお聞かせください。

2 再現実験の有効性

新川 私の場合は、夜の月明かりの下で乗用車と自動二輪車が正面衝突した事件でした。同じ季節の月明かりの日を選び、深夜2時頃、乗用車とバイクを走行させてどのあたりで危険を感じるか、どこまで見られるか、自動二輪の白い着衣が見えるかなど、スピード感とか視覚とか、文字化するのが非常に難しい実験を概ね供述どおりに再現しました。

高山 実験を事実関係判定の根拠にしうる理由というか、根拠の説明がポイントでしょうね。

新川 どれだけ緻密に計画を練り、検証前にどれだけ汗を流したかによって検証の結果が左右される。裁判官は自分の心証に沿った再現をしようとする。それを勝手にさせないためには、事前に緻密な計画を立て、条件を設定しておかなければいけないと感じました。

高山 路上横臥の事件でよくあるのは、ドライバーはどこまで近づくと道路に横臥している人を発見できるかという問題ですね。その再現実験は普通、被害者に見立てた警察官を現場に横臥させ、その場で「ここならもちろん見えるよな」と確認し、そこから少しずつ後退させて10メートル手前でも見える、30メートル手前でも、100メートル手前でも……とやってゆく。最初に確認した横臥状態がどこまでバックしたら確認できなくなるかというテストです。そうすると道路が曲がっていない限りかなり遠くでも見える。存在をあらかじめ知らされている状況下でのテストの結果、何メートル手前に来れば発見できるという理屈になる。これはもう科学ではない。再現実験はえてして有罪方向に働く材料を提供する危険を感じます。いか

がでしょうか。

彦坂 再現実験には問題が3つほどあると思います。

1つは、本当にその位置に被害者がいたのか、本当にその場所に車がいたのか、ということです。右にちょっとずれてなかったか、左にちょっとずれてなかったか、それだけで見え方が変わる。そもそも、その位置は、痕跡から特定できる場合もあるけれども、運転者の供述によって決まる場合も多い。正確な位置が言えなければ、本当に再現できているかどうかわからないという問題にもなります。

2つ目は、今、高山さんが言われたことですが、たとえば路上横臥という現実をあらかじめ知らされて、それを意識しながら臨むために、その現実を意識していないときの視認の仕方とは大きく異なってくるという問題です。見る側にバイアスがかかっている点が大問題だと思います。

3つ目は、交通事故ですから、普通動いている時間帯の事象を対象とします。見えたといっても、時間にすればゼロコンマ何秒だったりする。それが、再現実験となると、あるところで時間を止めて、本来なら一瞬のことを何秒か、場合によっては何分もかけて確認する。

この3つのことが、再現実験における一番重要な注意点になると思っています。

高山 非常に有用なご指摘をいただきました。そこが、検察立証と深部で切り結ぶ着目点になるかもしれません。今のお話を引き継ぐ形で、検察官の立証の弱点をどこでつかんだかということを、網膜色素変性症の事件を通してお聞かせ願えますか。

3　先入観を持たずに事件を見る

戸城 私が担当した事件は、春の薄曇りの午後3時ぐらい、比較的見通しのよい、まわりに建物も少なく田んぼなどのある片側1車線の道路で、普通に前を見て車を運転していた被告人が、横断歩道の近くにいた被害者を見落として衝突させたというものでした。

起訴後に被告人国選でつきました。被告人自身過失を認めていて、自白調書もありました。気になったのは、自白調書に訂正がとても多いことでした。自白をしたにしては訂正個所が多い。よく聞いてみると、「事故自体は私の責任で、間違いありません」と言いながら、被害者がいるほうは死角になっていたと言ったのに、検察官がそのことを調書に書いてくれなかったと不満を漏らしたのです。検察官

新川登茂宣

には見落としたのがおかしいと言われたようです。私は、どうしてこの人は見落としたのかわかりませんでした。検察官の調書を読んでもしっくりこない。その人の目に何か問題があるのかなというのが1つと、もう1つ、見落としたというのが言い逃れのように思われるのも嫌だなというのもあって、「一度、お医者さんのところに行って、目の病気がないか診てもらってください」と言ったのです。その結果、この被告人に目の病気があることが判明しました。

「網膜色素変性症」という病気でした。一番使う目の中心部の視力は良好なのですが、その周辺の視野がドーナツ状にだんだん欠けていき、長い年月のうちに、ちくわの穴を通して世界を見ているような状態になってしまうという病気です。だんだん欠けていくので患者さんには気づきにくいし、視力検査は普通に合格してしまうので運転も普通にでき、一般の人と同じだと思っている。

病気が判明したのは起訴後でしたが、診てくれたお医者さんは「目の病気のために被害者を見落とした可能性が非常に高い」と診断してくれました。自白もあるし、見落としたのなら過失以外原因が考えられないという事件でしたが、その病気が影響していたのではないかということになり、そこから私の弁護活動が始まりました。検察官は、多分、目の病気などということをまったく意識していなかったと思います。

結局、病気自体には争いはなく、病気があっても事故は防げたのではないかということが争いになりました。検察官は控訴審になってから科学的な立証をバンバン追加してきて、控訴審のほうが一審より長いことになりました。二審のこういう訴訟進行はどうなのかということも考えさせられた事件でした。

私自身、刑事事件をたくさん手がけていませんでしたから、あれはできるか、これはどうだろうと、いろいろな人に聞きながらどうにか終わった事件でした。

高山 今のお話には、とても重要なポイントがあるように思います。起訴後に被告人の責任能力に関わるような重要な発見をするということは、その前は本人も含めて関係者みんながそのことを知らないでいるということです。そういう前提での

捜査が現に存在する。それをどう突破していくかという難しい問題になりますね。

　網膜色素変性症をみんなが知らない、自覚もしない状況の中で行われている捜査は、捜査としてどれほどの価値があるのか。論点がやや共通する事件ですが、関越自動車道で長距離バスの運転手が路肩の防音壁に突っ込み、たくさんの方が死傷した事件がありました。前橋地裁で公判が行われ、実はこの運転手が睡眠時無呼吸症候群の患者だったことが公判前整理の中でわかった。それまでは単純な居眠り運転としてすべての捜査が行われていたので、そこから弁護人が弁護方針を変えるのに大変苦労をされたようです。

戸城杏奈

戸城　私の事件では、第2回公判で否認に転じたということもあり、第2回公判から、被害者を発見できなかったのはこの病気が原因だという予定主張を出しました。期日間整理に付され、私は、疾患が原因で被害者を発見できなかったので予見可能性も回避可能性もないと主張しました。

　検察官からは予定主張に対する求釈明がありました。被告人の捜査段階の供述では、「誰か人っぽいものが見えていたけれど、いなくなった」とか、「人らしいものを見た」とか、「複数の人を見た」とか、総じて曖昧な供述が浮かんでは消えていました。「人かどうかもわからなかった」と主張したことについて、検察官からは、「人が消えたことを確認したのか」という求釈明があり、「そもそも人ともわからなかったのだ」と応答しました。

新川　私は、戸城さんが、「お医者さんのところに行ってみなさい」と勧めたことがすごいなと思います。

赤坂　戸城さんの事件は直線道路で起きていますね。そのような弁明を聞かされたら、私でもそのような話は通らないよと言ってしまいそうな気がします。「医者に診てもらったら」とよくおっしゃったなと思う。調書をよくご覧になり、自白に潜むためらいに気づかれたのか、とにかく被告人とのコミュニケーションをよくとられたなと思いました。

戸城　「目の病気でなかったら通らない」と言いたい気持ちは半分ありました。本

当は、眼科医に行って自分の目に異常がないということになったら、やっぱり何か過失があったのではないかという話もしたかったんです。

新川 私たちは常に先入観を持っています。先入観に自分が陥っている。それを打破するには戸城さんのような行動が不可欠です。自分の先入観をいったん捨てれば、戸城さんがされたように、「一度、医者に行ってみなさい」ということになるけれど、先入観に縛られるとそういう発想は出てこない。私たちにとって一番危険なのは、先入観ですね。

戸城 警察などはそう思ったでしょうね。見落としたというのは言い訳だと思ったのではないでしょうか。

永井 状況を踏まえれば、捜査官がそう理解するのには無理もない気もします。百武さんの事例もこの問題に少し関連すると思うので、お話しいただけませんか。

4　オービス写真をどう使うか

百武 私の事件は、オービス（自動速度違反取締装置）写真を捜査の端緒とした2件の速度違反事件で、被告人国選で受任しました。1件目の速度違反と2件目の速度違反は、事件現場は同じで、連日にわたって行われていたのですが、1件目のオービス写真には被告人とは別人の他人名義の車が写っており、2件目のオービス写真には被告人名義の車が写っていました。

私自身は、速度違反でオービスに写真を撮られた経験はなかったのですが、以前から、オービス写真は撮られたら言い逃れできないほどに鮮明と聞いていました。そして、被告人と会う前にこの事件のオービス写真を見てみると、まさにそのとおりだと思いましたし、1件目に写っている人物も2件目に写っている人物も印象としては似ているように見えました。そして、いずれの事件についても自白調書がありましたから、私は、被告人と会う前は、弁護活動としては、被告人質問をして、反省の弁を述べてもらうことと再犯防止の誓約をしてもらう程度かなと思っていたのです。ただ、速度違反という比較的軽微な在宅事件だからなのか、

百武大介

なかなか被告人と会うことができませんでした。

　公判期日が近づいて、私も少し焦り始めた頃、ようやく被告人に事務所に来てもらうことができました。被告人と会って、正直びっくりしましたよ。オービス写真に写っている人物と目の前にいる被告人の印象が全然違う。否認事件なのではと思って、緊張が走ったことを覚えています。そして、被告人に証拠を見せて、「これ、本当にあなたなの？」と聞いたところ、「いや、俺じゃない」と言われました。その後、被告人といろいろと議論をして、最終的に争っていくこととなり、求刑が罰金8万円の事件でしたが、結局判決まで1年半近くかかりました。

　もし、検察官請求証拠を被告人宛てに郵送して、電話で意向確認して、一度も被告人と会わずに公判に臨むようなことをしてしまっていたら、弁護過誤ともなりかねなかったので、公判前に被告人と会って話ができて本当によかったと思っています。被告人に会う前は、私は、まさにオービス写真による先入観にとらわれていたと思います。

永井　2つのオービス事件が起訴され、一方は無罪で、一方は有罪なんですね。両方とも無罪を主張して一方だけ無罪になったんですよね。

百武　そうです。1つは、他人の車を運転していたところをオービス写真が撮られたというのが検察の主張です。もう1つは、その翌日、今度は被告人の車を運転していてオービス写真を撮られたと検察は主張し、こちらはどちらも争いました。そして、被告人の車のほうは有罪となってしまいましたが、他人の車のほうは無罪となりました。

赤坂　写真の鮮明さはどうでしたか。

百武　最初に見たときは、噂どおりに鮮明だと思いました。ですが、犯人性を争うという方針が決まった後にあらためて見直してみると、犯人性を立証できるほどに鮮明といえるのかについて疑問を持つようになりました。その後、検察からは、オービス写真と被告人の写真の同一性についての顔貌鑑定書というものが証拠提出されましたので、こちらは、顔の形や頰骨に関する指数などさまざまなデータについて、それが被告人であることを十分に推認させるものではないと争いました。ただ、やはり車の所有者が誰かという点が犯人性の事実認定においてかなり重いウェイトを占めている印象で、被告人名義の車のほうは有罪になってしまいました。

永井　「これは俺じゃない」という公判供述の説得力が弱かったのでしょうか。

百武　そうですね。とくに被告人名義の車のほうについては、あれは知人だった

と思うという話を公判の終盤になって被告人がし始めたのですが、そのような供述は被告人の供述全体の信用性に関わるものであったため、そこは失敗だったと思っています。

中間 他人名義の事件のほうは同乗者の方が証言されたんですね。

百武 そうです。その人の話によれば、事件当日に初めて知り合った人に運転してもらったけれども、そのとき運転してくれた人は、今、目の前にいる被告人ではないという証言をしてくれました。

中間 よく見つけましたね。

百武 検察官請求証拠の中にその人の供述調書もありましたし、その人は車の所有名義人でもありましたので、車検証から追跡していくこともできました。

中間 警察はどうやって被告人にたどり着いたのですか。

百武 おそらくですが、まず最初に被告人名義の車が撮影されたオービス写真があって、その前日に撮影されたオービス写真の人物がこれと似ているということで、たどりついたのだと思います。

中間 同乗者が被告人は実際に隣にいた人じゃないと言ったということが大きかったんですかね。

百武 判決文を読んでも、裁判所がその証言をどれだけ重視したかはあまりよくわかりません。むしろ、顔貌鑑定の証明力をそんなに高く評価しなかったところが決定的だったように思います。あとは自白調書の問題になり、名義の違いがとくに問題にされました。

赤坂 この事件では、弁護活動の難しさをすごく感じさせられましたね。

新川 オービスで検挙するには、鮮明に写っていることが大前提で、ぼやけていたらボツにするのが普通ですよね。

高山 そうでしょうね。一般的に言えば、オービスの写真の精度はかなり高いです。私自身は、オービス写真の撮影は違憲だと最高裁まで争った経験がありますが、このような争いの経験はありません。貴重な経験だと思います。

II 科学的知見の大切さ

1 常識に照らして「おかしい」と気づくこと

高山 論議をさらに深めましょう。捜査鑑定を打ち破り、事実認定の科学的合理

性の争いに勝つにはどうするか。中間さんのご経験をご紹介いただきながら考えたいと思います。

中間 この事件は被告人国選で、配点を受けたとき私は登録して1年が過ぎたばかりでした。冬の朝、薄暗い中で、トラクターにトレーラーが付いた大型車両の運転者が被告人で、被害者は普通貨物自動車の運転者。大型車両がセンターラインをオーバーして衝突、普通貨物自動車の運転者を死亡させたとされた事件でした。

中間陽子

配点を受けたときには、在宅事件だったこともあって否認事件だとは思いもしませんでした。鑑定書には衝突地点はここだとしっかり書かれているし、被害者車線のガードレールにかなり近い地点が衝突地点とされている。そうすると、はみ出したのは当然大型車両だろうと。

ところが、被告人は、「被害者がセンターラインからはみ出してくるのが見え、慌ててハンドルを右に切って避けようとしたけれど、間に合わなかった」と言うのです。私は、最初この言い分を電話で聞いて、ドライバー心理として、相手の車が自車線に膨らんできたらハンドルを左に切って逃げようとするのではないかと考えました。右に切るというのはおかしいような気がする。正直、嘘をついているんじゃないかと思いました。そうしたら被告人は、「大型車両は左に逃げるスペースがないので、相手が膨らんできたら反対に切らないともっと大変なことになる」と言うのです。

本人の記憶自体はかなり曖昧でした。事故の際ちょっと意識を失ったこともあり、前後の記憶が明確でない。いかにもトラックの運転手という感じの、ふてぶてしく見えてしまう方で、開き直って嘘を言っているように見えてしまう。本当は誘導に弱く、緊張癖のある「損な方」でした。その彼が唯一ぶれなかったのが「相手がはみ出してきた」というところでした。それ以外は、はみ出してきたというのも、「ライトを最初確認した」と言ったり、「車を見た」と言ったり、供述が安定しないので、被告人のこの供述で闘うのは無理だろうと思いましたね。

私自身は、何回か会う中で、本人には少なくとも嘘を言っているという意識はな

いだろうと思いました。避けようと思ったというところは言い訳とは思えない。実況見分のもとになっている調書を前提としても、本人が言う状況が起こりうるのではないかと思うようになりました。

　本当の衝突地点は指摘されている地点と違うのではないか。または、はみ出しに気づいてハンドルを右に切り、相手も慌てて自分の車線に戻って、そこでぶつかるということもありうるのではないかと。被告人からはどこまで来ると被害車が見えるようになるのか、そこで慌てて転把してもこの地点で衝突する可能性があるのではないか。いろいろ考えめぐらし、弁護の余地がないかなと考えました。

　一方、被害車の破損状況と衝突地点に関する現場見取図には、最初から強い違和感がありました。この図だと、ぶつかった瞬間にガードレールに車の左側が押し込まれている。車は斜め後ろも潰れている。それが一瞬で起きているような図面。前が潰れているのはわかるが、どうして左側がぶつかるのか、斜め後ろが潰れるのか。この図面や鑑定書はどうにも変だなと思いましたね。

　この件はかなり以前に発生した事件で、起訴のときに事件発生からもう4年ほど経っていました。それは鑑定の遅れのせいでした。しかも鑑定書は、被告人車からどこで被害車が見えるようになるかというようなことが何にも検討されてないものでした。

永井　中間さんは、鑑定書をご覧になっただけで不自然というか、おかしいと思われたのですか。

中間　そうですね。検察官の主張する状況では事故の説明がつかないとは思いました。

新川　それはすごい。

永井　私たちの普通の知識や感覚でそういう疑問を持てるかどうかですよね。この事件は、事故に関わる物理法則が強く反映する事件だとは思いましたが。

中間　私は物理を習ってないのでよくわかりませんが、ただ、車が進んでいってぶつかるのに、どうして左側から力がかかって潰れるのか、想像できませんでした。ガードレールに挟まれるというのならまだわかるのですけれど……。

高山　他の外力が働かない限り、外力は一定の方向に直線的に働き続けるという基本原理があります。その方向に損傷が生じるのはおかしいと思うというのは、合理的な疑問ですね。

新川　けれど、現実の事件でベクトル分析をきちんとするのは難しい。

高山　人物論の面でも、とても興味深いお話でした。誘導に弱い人なのに開き直っているようにも見える、その中から科学的な真実を見分け、仕分けてゆく。そこにこだわり続けたのが勝機だった。

新川さんの事件もまさに科学分析の事件でした。中間さんが提起された論点を新川さんはどう受け止められますか。

新川　検察提出の図を見て力学的にすっと頭に入らず、なぜだろうなぜだろうと考えたことが真実に迫るきっかけになったというお話でした。戸城さんも同じで、疑問を放っておかない

永井崇志

という姿勢が最も重要なことだと思いますね。直感的に「あれ?」と感じる。「まぁいいや」と思わない。ふっと止まるというところが、本能的と言ってもよい直感のすごさだと思う。

永井　弁護士のセンスの問題にしてしまっていいのですか(笑)。

新川　真理に対する熱情の問題だと私は思います。たった1回の交通事故を、残った痕跡でもう1回再現しようとする。矛盾は解消しなければいけない。そのために一つずつ問題点を克服してゆく。自分は理科系じゃないと言って断念したら、それで終わり。同じ文科系の検事の言うとおりになるだけです。

高山　「センスの有無で決まるとなると、私はどうしたらいいんだ」ということになりかねないけれど、あえて言うと、センスさえあればいいということかもしれない。物理法則や工学知識はあとから追いかけてくると。

新川　疑問を放っておかないセンスと言ってもよいでしょう。

永井　なるほど。それは裁判官にも言えますよね。

2　捜査側の杜撰な証拠保全

高山　皆さんのリポートは勝利報告ですが、現場の苦闘の報告でもあります。本庄さんはここまでお聞きになって、どのようにお感じになりましたか。

本庄　皆さんのリポートもあらかじめ一通り読ませていただきましたが、今日のお話を含めて、事故直後の捜査がどれだけきちんとされているかが決定的に大事だ

と思いました。おかしな事件というのは、実況見分がちゃんとされてなかったり、かなり誘導的にされていたりすることがあって、そこが後々まで影響していると思います。事故直後の現場の状況、証拠の保全をきちんとするか捜査機関は厳しく問われている。

　彦坂さんの実験でも、どこに横臥していたのかがわからないという、決定的なところが保全されていないのはおかしいですよね。保全されてしかるべき証拠が保全されていないときは検察側に不利益に推認することにすれば、そういうことをしないように捜査機関もきちんと証拠をきちんと保全するようになっていくと思いますが、そこまで行けるかどうかが大きな問題かなという気がしました。

彦坂　私の事件では第一発見者の供述もとれていませんでした。救急車に通報した人も場所を特定できなかった。通報者も何人かいたらしいのです。「酔っぱらいが寝ている」と通報している。駆けつけた救急隊員も、酔っぱらいが寝ているだけだということで普通の病院に運んでしまう。ちゃんとした救急病院に運んでいれば死亡しないで済んだ可能性もあるのですが、警察も、酔っぱらいが路上に寝ているということで出動しているだけなので、大ごとと思っていない。

高山　彦坂さんの事件は轢き逃げ事件ではなかったようですが、轢き逃げ事件では二重轢過の有無に関する捜査が必須になります。その点が曖昧だと当該被疑者の刑責は追及できない。ちゃんと現場が保存できていなかったらめちゃくちゃになりますね。

　話は変わりますが、25年ほど前から交通事故事件の起訴率がどんどん下がるという「事件」が起きました。それまで起訴率は概ね7割程度でしたが、それから激しく低下し、今や1割ぐらいしか起訴されない状況になりました。死亡事故事件でも起訴されないことがあります。結果、この事件もおそらく起訴されないだろうという「予測」が警察捜査の意欲と能力を確実に落とす結果になりました。その流れの中に現在の交通事故事件があり、彦坂さんの事件も、そういう背景事情と無縁ではないと思います。

新川　私の事件も轢き逃げです。業務上過失傷害と報告義務違反と救護義務違反がセットになっている。被害者は横断歩道上で寝ていたとされています。見えるか見えないかが問題になるという話が先ほどから出ていますが、この事件はそもそも轢いていないと争った事件です。

　裁判所は、轢いてはいるが、怪我との因果関係がないと判断した。「轢いたら怪

我をするだろうが、怪我はしてない」というわけです。それで、「前の車か後の車が轢いた可能性を否定しないと、この人が轢いて怪我をさせたと断定することはできない」と言った。そして、検事側はその可能性を否定できなかった。潰せたのに潰していない。実は防犯カメラが事故現場の手前と向こうにあった。しかし、前のほうはちゃんと撮っているのに、後ろのほうを撮っていない。後ろを撮っていれば前と後ろに挟まれて他車轢過の可能性が否定されるのに、「後ろも撮ったが、ダビングに失敗した」と。

永井 嘘っぽいですね。

新川 裁判官は、「疑わしい」とはっきり言いました。ダビングに失敗してなければ的を絞れたのに、捜査機関のミスでできなかった。その責任を被告人に負わせることはできない。それを因果関係がないというところで決着をつけた。

永井 私なら因果関係で決着をつけることはおそらくできなかったと思います。ただ、判決を見ると、「弁護人は因果関係がないと争った」とあります。新川さんは、過失を争ったうえで、仮に過失があったとしても因果関係がないと仮定的に争われたのでしょうか。

新川 実は、タイヤの跡との不整合など種々の矛盾があり、因果関係も争いました。いかに通りにくいかを示す「人体実験」も私自身がやりました。どういう姿勢なら前から入れるか。入っても車体下部構造物に引っかかって身体が動き、すぐタイヤが来る。大きな怪我もせず抜けられること自体がおかしいと。タイヤに巻き込まれていないのなら、前後の車による轢過の可能性が残るだけという形で因果関係を否定しました。

永井 下をくぐったという感じですが、判決文には「ものすごい衝撃」とか「強い接触」という言葉が登場します。強い接触があると下をくぐるという判断は難しいと思う。でもこの裁判官は無罪にした。私は、意欲的無罪というのもあると思いましたね。

杜撰な警察捜査で被告人を有罪にしてはいけないと考える裁判官は、無罪判決を出すという結論をまず決め、あとは理屈をどこかでつけようというふうになる。この事件はその典型のようにも思いました。

高山 ときどき意欲的な無罪判決があります。最近、神戸地裁で言い渡された無罪判決は、変形十字路交差点で起きた事故でした。アルファベットの「K」の字に似た変形十字路交差点です。信号表示に不合理があり、クロスする方向の信号

本庄 武

が同時に進行可の表示を出す。裁判官は、「こういう交差点はけしからん」と言い、この事故について、被告人の責任を追及することは許されないと断じました。もちろん過失の有無に関する判断も子細にしたうえのことですが。この事件は一審判決で確定しました。こういう意欲的な無罪判決は評価したいと思います。

永井 新川さんの事件は、報告義務違反と救護義務違反も無罪にしていますが、率直に言って説得力はあまり感じられませんね（笑）。裁判官の感覚で言わせてもらえればいささか納得しかねるところがある。

高山 ここまでの話で、本庄さん、ご発言があれば伺いたいと思いますが。

本庄 春山さんのリポート（ケース8）にもありましたが、被害車両は海に転落しています。歩車道の境にガードレールがあったり、頑丈な欄干が設けられていたりすれば転落しなかったのではないかという問題があります。事故後に対策が講じられたようで、リポートの中ではそのことが罪責評価に影響するかどうかという問題が指摘されていますが、そこはなかなか難しいところです。死亡の責任を否定するところまで影響するかというと、ちょっと難しい。でも何も影響しないというのも変だという気もします。検討しなければいけないところですね。

高山 この事案は福岡県の海に架かった橋から3人の子どもさんが海に落ちて亡くなった事件です。一審判決は、危険運転致死罪について訴因変更命令を出す寸前までいきました。危険運転致死罪について無罪の可能性が裁判官から示唆され、検察官はしぶしぶ予備的に業務上過失致死の訴因をつけたのです。その結果、業過で有罪の判決が言い渡されました。検察官は控訴し、控訴審と最高裁がともに危険運転致死罪を認めてこの事件の司法判断は終わりました。

　先ほどお話しした関越自動車道の防音壁衝突事故は、事件直後から、ずっとバスの運転手の居眠り運転と言われていましたが、そうではないのではという見解が後になって出てきた。また、これは起訴前から指摘されていたけれども、高速道路にはみ出す形で防音壁が設置されていた。最近の防音壁は衝撃を吸収するように端部を丸く作ったり、側壁より外側に設けたりして走行車両が防音壁に突っ込

むことのないように工夫していますが、この事故では、バスは以前の設計箇所に突っ込んだ。バスは、ナイフで切られた羊羹のようにすっぱりと切断されました。

　どう考えても防音壁の作り方に問題があり、安全が配慮されていればあのような重大な死傷事故は起きなかった。そういうときの刑事被告人の責任はどうなるのかという議論が、睡眠時無呼吸症候群の問題とは別にありました。

永井　それは、量刑上の問題でしょうか。交通事情とか交通行政が十分でなかったという話になると、普通は量刑の問題になるのではないかと思います。

3　鑑定人をどのように見つけるか

永井　ところで、中間さんは、検察の杜撰な鑑定では立証が十分ではないと思っていても、衝突地点が違うという松下鑑定の判断がこの事件の帰趨を決めたとおっしゃっていますね。どのようにして松下鑑定人を見つけたのでしょうか。

中間　この事件は民事事件が先行していて、事故車両が会社の車でしたので、保険会社の弁護士が代理人についていました。刑事が片づかないので民事のほうが止まっていたところ、やっと起訴されたという展開だったのです。私の受任が遅れたのも、民事の弁護士が刑事もやるのかどうかがはっきりしなかったからです。結局国選弁護ということになり、私がつきました。

　そうはいっても、刑事の行方が民事を左右します。民事の代理人は私がたまたま知っている千葉の弁護士で、「実況見分調書も鑑定書もおかしいと思うが、専門家からここがおかしいと言ってもらいたい。せめてアドバイスだけでも聞きたい」と相談し、結局、保険会社がお金を出す形で鑑定書を書いてもらうことになりました。

　それができるまでは、立証し切れていないという主張しかないと思っていましたから、松下先生は、私が探したわけではないです。

高山　この鑑定人は、保険会社の立場で鑑定を手がけることが比較的多い方ですよね。

中間　そうですね。検察側の証人もしている方だったので、裁判所の受けも悪くありませんでした。

高山　一般的な話ですが、鑑定人をどうやって探すかというところが、経済的な問題も含めて大変な壁になるという気がしますね。

中間　最大の問題はお金です。免許がないので本人は会社を辞めていました。ど

うにか食いつないでいましたが、お金がない。法テラスは鑑定費用を出さない。専門家の先生に無償でお願いするわけにもいきません。お金が出せるなら、片っ端から電話でもかけてと思っていました。

新川 鑑定の問題、とくに私的鑑定の問題ですが、弁護人の鑑定は、捜査機関に抵抗する形になります。国から補助金が出る独立行政法人の大学などは、警察側の鑑定はやるけれども、警察と対決する方向には躊躇する傾向がある。企業の補助金もあるし、国を負かすような鑑定は断りたい。公平な鑑定をやってくれる人を探そうと思ったら、その道を探る力がいります。弁護人がやる以外にありません。

高山 悩ましいことです。私も、ずっとその問題で格闘しています。交通事故の分析をしている人は、都道府県警の一部署である科学捜査研究所の出身者が多いですね。一応は民間人ですが、もともと警察の立場で仕事をしていた人です。一般市民の立場に立って科学分析をきちんとやってくれる能力と意識を持つ人がほとんどいない。

　科学警察研究所は警察庁の機関なので、当然民間の依頼を受けません。そもそも科警研は、学術論文さえ一般には公開しないくらい密室の組織になっています。交通事故の科学解析の全体構造は途方もない密室です。中間さんのケースは率直に言って僥倖と言ってよいでしょう。

中間 私は、他業種の方も交じった勉強会で、この事件を紹介しました。そのとき、道路工事の関係を扱う方だったと思いますが、「検察の言う事故状況では、このようなガードレールの痕跡はつかない」とか「どっちの方向から力が入ったということは容易にわかる」などという話がありました。私たちは、交通事故を専門的に分析する方を探すという発想になりがちですが、必ずしもそのように絞る必要はないと思いましたね。

赤坂裕志

　今回の鑑定に登場した方の1人は科捜研の方です。もう1人の方はタイヤが専門と本人は言っていました。結局は、運動工学全般に長けているわけではなく、一部しか知らない方たちです。そういう人たちが全部に通じているかのような顔をして鑑定書を書いている。「科学鑑

定」と銘打たれていても、全然科学的ではない内容になったりしていますね。

　多分、事件ごとにポイントが異なり、私の場合は、道路の痕跡、ガードレールの痕跡、タイヤ痕がポイントになりましたが、ケースによっては、自動車がぶつかった方向とか破損状況がポイントになることもあるでしょう。事故分析の専門家と言われている人たちに絞らないほうが、利害関係に縛られずに探せる可能性があるのではないでしょうか。

高山　もしかすると今日一番の難問ですね。「いい鑑定人がいないだろうか」という弁護士さんの相談が毎月のようにありますが、なかなか答えられず、苦労しています。各地の弁護士さんがどんなに悩み、苦闘しているかがわかります。

赤坂　レーダーの速度測定を争う事件では、メーカーの技術者が検察側証人として出てきて儀式のように証言し、判決はほぼ間違いなく有罪になります。私が経験した事件では、その鑑定に対する反証として、高山さんから高校の物理の先生を紹介されました。レーダーの働きはドップラー効果を捉えるものなので、そのことに関しては物理学の非常に初歩的なレベルなのですね。多重反射とか半値幅とか電波工学に関する知識は必要になりますが、原理は高校の先生でも説明できます。中間さんも言われましたが、レーダーを作っている専門技術者にこだわらなくても、専門的な知見に迫ることはできます。

高山　交通事故で用いられる力学は初等力学です。それほど難しい話ではない。中学校の理科の先生や高等学校の物理の先生ならほとんど完全にカバーできるのです。

新川　私は、交通事故紛争処理センターで斡旋案を出す仕事を6年間ほどしていました。慰謝料とか治療費とか、検討を要する問題もたくさんありますが、過失割合の問題が登場することがよくあり、そうなるとどうしても事故を再現する必要に迫られます。

　けれどそんなに証拠資料はない。ほとんどが加害者と被害者の供述で、それはあまり信用できない。そうすると、やはり事故の痕跡で考えなければいけません。どこにどういう傷がついていて、その傷が衝突形態と整合するかということを重視します。

高山　新川さんが言われたのは、私たちは人の認識をあまり当てにせずに、もっと客観的な事実の中で考えていかないといけないということですね。人の認識はもともと危ういものだという見方をきちんと持つことだろうという気がします。

III 危険運転致死傷と被害者参加の危うさ

1 危険運転致死傷事件の要件とは

高山 論題を変えて、危険運転致死傷事件の要件を考えたいと思います。本庄さんは研究者の立場でその分析をしていらっしゃるので、論議をそちらに進めていきたいと思います。

本庄 危険運転致死傷罪は、交通事故の中で悪質なものを重く処罰するためにどうすればいいかということで、かなり無理をして作られています。立法技術としては、暴行に準ずるような非常に危険な態様の運転を故意に行ったことから事故という結果が生じたという形で切り出したために、曖昧な概念が多用されることになってしまいました。正常な運転が困難とか、進行を制御することが困難とか、評価に関わる概念が多く使われています。「殊更」もそうです。どこまでが危険運転致死傷罪に含まれるのかがよくわからないところがあります。

とりわけ、死亡などの重大な結果が生じた事件については、被害者や遺族の立場からは重い処罰が求められ、危険運転致死傷罪を適用すべきだという世論もあります。また、検察も結構無理をして危険運転で起訴する場合もあるだろうという

ことです。実際、争いになることが非常に多いですね。

ケース8の事件もそうです。本当に危険運転致死傷罪の要件を満たしているのか、私は今でもよくわかりません。「8秒間、前に気付かなかったこと自体が、アルコールの影響で正常運転が困難な状態を示す」という最高裁の判示は、ちょっとどうだろうと思います。

高山 危険運転致死罪は裁判員裁判事件になり、危険運転致傷罪は一般事件になる。致死罪だと多くても数日で判決になり、致傷罪だと何カ月もかかることがある。不思議な「逆転現象」が現実に起きていますね。

本庄さんがおっしゃったように、この犯罪には概念の曖昧さが抜きがたくあります。「殊更信号無視」という犯罪類型があります。道路交通法は、意識して赤信号で突入した場合も、当然処罰の対象にします。道交法が処罰する「故意の赤無視」と自動車運転処罰法の「殊更赤無視」はどう区別されるのか。突っ込むときに「殊更！」と叫べば「殊更」になるという珍説がありますが（笑）、どこから「殊更」になるのかが明確にはわかりません。

中間 私の感覚の中では「殊更」は赤信号無視に対する「故意」と同義と捉えていました。

高山 危険運転の「殊更赤無視」事案は、交通統計には年間何十件かはあり、致死事件だけでも何件かはあります。

弁護人が争うケースに、突っ込んだ車に同乗者がいて、「人を乗せていた。事故になるなど考えもしなかった。安全に通れると思った」というのがあります。数年前ですが、愛知県春日井市で起きた事件では、当該交差点の直近手前にも信号機のある交差点があって、2つ目の交差点で交差方向から来た車に激突しました。ドライバーは2つの信号を無視したということで、「殊更赤無視」に問われた。この車の運転者は自分の子どもを乗せていましたね。

子どもが騒いだか何かして、それを押さえているうちに2つの赤信号を無視してしまったというような弁解をして、一審は危険運転致死を認めませんでしたが、名古屋高裁では逆転有罪になりました。「子どもを乗せ、事故を起こす可能性が高い赤信号無視をわざわざすることはない」というのが弁護人の主張でしたが。

今報道されている北海道・砂川市の事件では、同乗者は「交差点の信号は赤だった」と言っていますが、ドライバーは「青だったと思う」と言っているようですね。「赤と知らなかった」となると、「殊更赤無視」の成立はなお微妙です。

本庄 リポート中の森岡さんの事件（ケース9）は、運転しながらラップの曲に合わせて体を揺らしていたために事故になったというもので、危険運転にはならず自動車運転に落ちたということです。危険かどうかと言えば非常に危険ですけれど、危険運転致死傷罪の要件を満たすかはまた別の話です。そこのところをきちんと認識しておく必要があります。

　危険運転致死傷罪はごく一部の危険な運転だけを切り取って処罰を法制化したものです。もともと立法に無理があり、危険性の程度で考えると同じぐらい危険でも、あるものはすごく重くなり、あるものは軽くなって、おかしいじゃないかということにもなる。

2　被害者参加事件の難しさ

永井 被害者参加との関係があるのでしょうか。被害者側の見方、考え方、受け止め方がここにはだいぶ入ってきていますよね。

高山 危険運転致死傷罪は被害者遺族の立法運動の結果生まれました。そういう立法事情が背景にあったためだと思いますが、「なぜ単なる自動車運転過失致死傷になるのか」という批判が、まず検察官に向けられます。現場の検察官が苦労しています。

　危険運転致死傷罪が導入された直後1年間の悉皆調査データがあります。飲酒事案だけで90件ぐらいでしたか、飲酒量を調べてみると、平均が呼気1リットル中0.63ミリグラムほどでした。最近は数値がもっと低くても犯罪が認定される傾向が強くなっているのではないかという感じがしています。たとえば、ケース8の事件では、事件発生の40分後に測定された被告人の保有アルコールは0.3ミリグラム台でした。本庄さんが言われるように範囲が広がり、少ない飲酒量でも犯罪成立が認定される傾向が出ているのではと思いますね。

新川 今まで被害者は証拠に過ぎなかったのに、訴訟主体になったということですよ。被害者参加でやるときに、被害者が感情的になっても裁判官は基本的に規制しない。法廷は私怨を晴らす場と化します。また、被害者参加は、あらゆる被害者の供述を丸ごと信用させる形になっていて、誤解とか、決めつけとか、虚偽とか、被害者側の供述の瑕疵は基本的に検証されません。予断と偏見のもとで起訴される事件が増えることにもなります。痴漢事件などでそれはとくに多くなっていると思います。光市事件もその典型例ですが、法廷の構造が今までとまったく違っ

てきていますね。

　広島県でも、被害者参加の刑事事件の弁護をした弁護士から、弁護人側として何も質問できなかったと聞きました。裁判官は被害者側が言うことをただ黙って聞いているだけ。被害者が入るとすべて有罪の前提で審理を進めるから、もうなす術がないと話していました。

高山　皆さん、被害者参加の事件で弁護活動をやっておられますか。

中間　私の事件は被害者参加事件でした。

高山　そうだったのですね。今、新川さんが言われた点はどうでしたか。

中間　つらかったです。法廷が被害者の遺族と支援団体の方で埋め尽くされていて、私たちは傍聴者と一緒に法廷から出られず、いつも被告人と一緒に裏口から出してもらっていました。裁判官もそれをずっと気にしていて、判決の言渡しも聞こえるか聞こえないかぐらいの小さな声でぼそぼそと読み上げて、「なので、被告人は無罪だと思います」と最後にこそっと言いましたね。

　本人は、相手がセンターラインをオーバーしていると思っているので、「申し訳ありませんでした」とは言いません。被告人は「おまえは人殺しだ」と言われ続けました。裁判官が最後に被告人に対して、「あなたの態度はどうかと思います」みたいなことを言ったのですが、それはものすごく納得がいきませんでした。無罪事件ですから、ひどいと思いました。

高山　ほかに被害者参加の事件をおやりになった方はいらっしゃいますか。

戸城　私も今回の事件がそうでした。無罪を争っているので、全然かみ合わない話ばかりでしたね。

高山　私も被害者参加の事件の経験があります。無罪を争う事件ではありませんでしたが、やはり交通事故でした。弁論の中で、「今日は被害者のご遺族の方が参加されていますが、この法廷で皆さんは果たして満足されただろうか」と、問い尋ねる調子で触れました。「皆さんの被害者としての苦しみを私は深く推測しています。でも、今日、ここに参加されていったい何が実現したのでしょうか」と言いました。裁判官は黙って聞いていました。私は、ここで引いてしまったら刑事弁護の命は失われると思っています。刑事事件で被害者参加をして、3分とか5分とか話す時間を与えられ、「これで終わったよ」と言われ、実は何も斟酌されてもいない、それこそ単なる儀式。あの儀式の中に組み込むことに向けた、私としては辛辣な批判のつもりでした。

けれど、刑事裁判の中に登場させ、新川さんの言葉で言えば当事者性を持たせられて刑事裁判を壊してしまうことに対して、弁護士としては到底許せないという気持ちが常にあります。かなりずけずけ言いましたが、袋叩きには遭いませんでした。こうしてお二方が被害者参加の交通事故事件を経験されていること、そして傍聴者と一緒に外に出られないなどという局面を見ると、やはり、新川さんが言われるとおり、絶対にこれを批判していかなければと思います。

中間 本当にそうです。あと捜査側が汚いと思ったのは、遺族の方の調書の中に、「現場の道路を遺族が確認に行って、被告人が走っていた側の車がセンターラインを越えて膨らんでいるのを確認しました」というのを、何の裏づけもなく紛れ込ませていたことです。もちろん、全部不同意にしましたが、そういうものはほかにもいくつかありました。車の走行とか、警察が現場をちゃんと確認したとか、客観的な資料が何もないまま被害者にそういうことを話させて、するっと証拠に紛れ込ませ、裁判官に読ませようとしているのだろうと。簡単に確認がとれることなのに、それをしないで捜査をサボっています。

高山 メディアの責任も大きいと思います。そういう方向を促進するというか、擁護するでしょう。

話がちょっとずれますけれども、危険運転致死傷罪の事件で私を取材した記者から、「現場から逃げたら危険な運転者ですから、危険運転致死傷罪でいいじゃないですか」と言われたことがあります。現場から逃げることと危険運転致死傷罪の成否を完全にごちゃごちゃに考えている。メディアの人がそのぐらいでいますから、被害者感情は極端にそれこそアクセルを押されてしまう状態がありますね。そこは警鐘を鳴らす必要が大いにあると思います。

Ⅳ 疾患や障害を伴う事故の責任

高山 最後に、疾患や障害を伴う交通事故事件の責任についても、少し考えたいと思います。戸城さんからお話しいただけますか。

戸城 先ほど被害者の話が出てきたので、その絡みでいくと、被告人の行為で被害者が亡くなったのは間違いありません。そこに予見可能性とか回避可能性の話を持ち出すこと自体に、本人も私もためらいがありました。しかし、それを言わないわけにはいきません。

被告人は、一般人と同じつもりで、一般人と同じ注意を払って車を運転していました。しかし、見えるはずのものが見えていなかった。その人の疾患が原因で結果を予見できなかった以上は、無罪を争うしかないというところから始めました。

高山 そのためらいにどう挑戦し、どう乗り越えたのでしょうか。そこは誰しも躊躇するところだと思いますが。

新川 予見可能性の「可能性」は、一般人を基準にしています。一般人を基準にしたら当然予見できることが、この人は特殊な人だから予見できなかったという問題でしょう。「一般人の基準でいけば過失があるが、この人は特殊な人だ」と言うだけでは足りない。ブリッジを一つ架けなければと思いますが、そこはどうやって架けたのでしょうか。

戸城 本人自身に病識がなかったというところが一番大きいと思います。病気と自覚していないので、当然ほかの人と同じように見えているつもりでいました。実際に被告人の視野で被害者を発見しようとすると、かなりきょろきょろそこら中を見回しながら運転しないといけない状況でした。

　たとえば、普通の人だったら、目の前の人を見ているときは、その横の少し離れたところにいる人も視野の端っこには入ってきます。被告人もそのつもりでいる。けれど実際は、目の前の人しか見えていない。横のほうで何かが動いていてもそれは見えない。

　病識があればそれ以上の注意を払う行動をしなければいけないのかもしれませんが、被告人は一般人と同じ注意義務を果たしていたのに病気のせいで周辺が見えなかった、つまり注意義務を果たす努力はしていたということです。

新川 実は、私は、そこのブリッジが架かっていません。過失は一般人基準で考えます。しかし、この人は特殊な人だということで、特殊な人のゆえに許されることになる。過失の構造は、「一般人ができることは、あなたも責任を負いなさい」という発想ですね。

高山 ただし、それは、前提としてそれを期待できなくてはいけないですね。周辺視野が乏しいという認識が本人になければ、その注意を果たすことが期待できないはずだという議論になるのでは。

戸城 そうですね。そういうことです。

永井 私はそれは過失の問題ではなく、期待可能性の責任論の問題ではないかと思うのですが。当該被告人の立場に立ったら期待可能性はなかった……。

本庄 一般的に言えば、生理的な能力は、その人自身を基準にせざるをえないというところは大体共有されてきつつあります。目が極端に悪い人に対して「よく見なさい」と言ってもしょうがないというか、見えないものを見よと要求してもしょうがない。そういう人に対しては「眼鏡をかけなさい」という要求に変わります。どういう注意義務を課すかは、生理的な部分についてはその人基準で考えないといけません。結局、「一般人」という抽象的な注意義務の観念ではあまり意味がないというか、もっと具体化して考えなければいけないということになります。

新川 私には、「一般人」は違法性の理論で、「個人」の特性は責任論の問題だという固定観念があって……。

本庄 以前の学説では、そう説明されていました。

高山 疾患や障害を持つ人が起こした交通事故が注目されています。一番論議されているのは、てんかん発作患者による事故ですね。大きく報道もされます。てんかんの患者の数は300万人ともいわれますが、発作が出る方はそのごく一部です。そして悩ましいのは、その患者のうちに、てんかん発作の自覚がない人がいるという事実です。自分に発作があることを事件が起きて初めて知ったという患者がいます。私のところに相談に来られた方の中にもそういう方がいました。低血糖症とか睡眠時無呼吸症候群などの患者さんにも同じ問題が起こりえます。

　急な病変や危険な状態の発生を予測すべきだったと言える人と言えない人がいる。裁判例を見ると、無罪判決も有罪判決もありますが、有罪判決は、簡単に言えば、病識がある以上気を使うべきだったというもので、最近は有罪に流れる傾向が強いように感じます。

　関越自動車道の事故のように、居眠り運転の調書ががちがちにでき上がっていて、睡眠時無呼吸症候群の患者でも、簡単に（?）居眠り運転による有罪判決が言い渡されてしまう例もありますが、戸城さんの事件のように、障害があることを裁判で初めて知った人の場合、基本的に責任は問えないと私は思いますが。

本庄 睡眠時無呼吸症候群は、昔はあまり知られていなかったのが、だんだん知られるようになってきたので、どういう症状があるとそれに該当するという手がかりが以前よりは確かにあるわけです。ふと気づくと寝ていたときがあるということから、それを疑うべきだったという議論は確かにできなくはありません。結局は、現実的な手がかりがその人にどれだけあったのかという問題に帰着するでしょう。そこをルーズに認定してしまうと、不可能を強いることに接近してゆきます。その人

が現実にどこまで手がかりを持っていたかをきちんと見ないといけませんね。

高山 簡単にわかるべきだったと言ってしまうと、おかしな議論になる。てんかんの患者でも基本的に運転免許は取れるのであり、責任を無原則に拡大する議論になりかけている現状に私は危険を感じます。

戸城 検察官は主張していませんでしたが、実は、この事件でも裁判所は、「気づくべきではなかったか」ということを検討していました。ただ、幸いというか何というか、この病気はそれほど「有名」ではありませんでしたし、長くかけて進行する病気だからわからなかったということで、「気づくべきだ論」はなんとか免れました。

彦坂 検察官は、「日常生活の中に人とぶつかる経験がなかったかとか、病識はなくても見えにくいという自覚はあったのではないか」とか、言いそうなイメージがありますが。

戸城 一審ではそうはなりませんでした。検察官の「怠慢」のようにも思います（笑）。偶然でしたが、弁護側証人の医師が、「その人はその状態を20年以上続けているのだから、ほかの人も同じように認識していると思っていたのではないか」と証言してくれたのが役に立ちました。

V 交通事故事件に関わって

高山 今日は、疾患・障害の問題や被害者の問題も含め、交通事故事件をめぐる新しい動きにも触れたいと思っていたところ、皆さんがいろいろな経験をされていることをあらためて知りました。重要な指摘をいただき、司会者としてとてもうれしく思います。

　思いの丈までお話ができなかったかもしれませんが、ご自身が交通事件に関わられ、また今日の座談会でいろいろなお話をお聞きになられて感じたことなどについて、最後に一言お話しいただければと思います。

百武 皆さんの事案と私の事案は、その内容に大きな違いがありましたが、逆に弁護側からどういった鑑定を求めていくのかとか、争っていくときに被害者にどう配慮していくのかといったことは、刑事では、たいていの場合、民事に比べてはるかに難しい問題になると思っています。今日の皆さんの議論を踏まえて、今後の弁護活動にも役立てたいと思います。どうもありがとうございました。

戸城 鑑定の問題で言うと、控訴審になってから検察官側の医者の申請がようや

く出てきたので、それは時機に遅れたものだと不採用を求めました。裁判所は、検察官の請求自体は却下しましたが、真実発見の見地からと言って医師の鑑定意見を2つ登場させ、それが対立することになりました。控訴審でもそういうことをするのかと、私としては不満でした。

それでも、医師同士が科学的な知見を提出し合い、医師の検査結果そのものは客観的で正当なものと評価され、検察側が請求した医師の意見を踏まえても無罪だったので、正直ほっとしました。

「気づくべきだったのではないか」と言われたときにどう対処するかは、これからの問題だと思います。この事件は報道もされたので、この病気で次に事件が起きたときにその人はどうなるのだろうと、ちょっと心配です。そういうときにはまた協力できたらいいなと思っています。

中間　今回の事件を担当するまでは、交通事故の事件は、ある程度客観的な証拠が残っていて、それをもとにいろんな専門家が科学的に分析をしていると信じていました。でも、実際には、中学・高校の物理の素養でもおかしいと感じるようなものが科学的知見として堂々と登場し、それに則って有罪の判決が出されている現実を知りました。

「専門家の知見」に接する弁護人も検察官も裁判官も多くは文系です。理系の方や専門の方たちが、これはありえないとか、おかしいとか、こんな動きをするわけがないとか、こんな痕跡になるわけがないと言ってくれないと判断できません。交通事故だけの問題ではありませんが、専門知識を持たない人が当事者の代理人などになり、判断者も専門知識を持たないというところが裁判という制度の難しさだと思いました。

そしてなんといっても警察捜査の杜撰さです。再現ができない。確認ができない。現場保存がない。証拠も全部処分されている。それでも起訴される。起訴されると有罪に向けてひた走るという現在の刑事裁判をどうすればいいのか。科捜研が関わるにしても、せめて専門知識を持つ複数の人がちゃんと見れば、科学的知見の名に値するような意見が出てくるのではないか。文系出身の1年目の弁護士におかしいと思われるような内容で、何が現場の再現かと感じましたね。

それから鑑定人。検察はどうしてこういう人を使うのかと思います。私の事件に登場した鑑定人は、今回の本の前身の『交通事故事件の弁護技術』にも出てくる人です。専門家も誤ることはあると思いますが、この人の鑑定書は特別です。専

門家の科学的知見に基づく内容といえるものではまったくありませんでした。鑑定依頼を受けてから3年半ぐらい放置し、揚げ句に出てきたのが、「前鑑定人のとおりでよい」という、ほとんどそれだけのものでした。

　捜査官のスキルという話もありましたけれども、そもそも鑑定人にふさわしい人たちを揃えてもらいたい。それには、裁判所が、問題のある鑑定人に「これではダメ」とノーを突きつけないと、結局、何も変わりません。この鑑定人は、法廷の証言もひどいものでした。「このタイヤ痕は右のタイヤによるものです」と言うので、「写真と整合しないですが」と聞くと、「左かもしれません」。事故前の動静について「この車はどうしてこんな動き方をするのですか」と聞くと、「事故時には車は想定できない動きをします」。ぶつかる前のことを聞いているのにですよ。全部そんな感じののらりくらりとした証言でした。そして、鑑定に3年半かかった理由は、「多忙のため優先順位をつけて処理しているから」でした。

　裁判官の訴訟指揮に腹が立ったこともありましたが、こういう鑑定人を使い続ける検察官は、冤罪作りを意図的にやっているのではないかと本気で疑いたくなります。被害者も救われません。

彦坂　交通事故事件は、やはり特殊な類型の事件だと思います。そして、交通事故事件で争う機会はあまりありません。個々の弁護人がもがき苦しみながら闘って獲得した知恵というか、英知を共有できる機会がもっともっとあればいいと思いました。ありがとうございました。

新川　まず、戸城さんの言われる病識の問題です。刑事事件から少し離れますが、たとえば、脳梗塞は突然には起きません。しびれたり、つまずいたり、吐いたりという前兆があります。それらの症状があれば脳梗塞の危険があるので、あらかじめ治療を受ければいいということになる。「こんな症状を経験したのなら、運転はやめるべきだ」という形で処理されることになるのではという危険を感じました。

　もう1つは鑑定の問題です。私たちが論じているのは、ニュートンの古典力学の話ですよね。そんなところで話が曖昧にされている。私たちは、見たり、聞いたり、感知したりする。被告人は直接体験したことですから、ある意味明らかなのだけれど、この五感を第三者に理解させるのは大変なことです。理解させる一番簡単な方法が検証なのです。裁判官が直接五感で感じてくれるからです。鑑定しなくて済む。安上がりで済むのに、裁判官はなかなか検証を採用しない。その結果、被害者の供述などが中心になっていく。そしてどうにでも転がる。そのことを非常に

疑問に思っています。

　私たちが中学や高校で習った科学が法廷で現実に機能すればいいのだというのが、率直な感じです。そして鑑定人には誠実さがないといけません。鑑定も、結局、人間の誠実さの問題に帰着すると思います。

　それから判決の誠実性のこともあります。科学的にほとんどありえないことでも、「絶対にないわけではない」ということで、有罪の理由づけにされたりします。経験則ではほとんどありえないことを、「ありえないわけではない」という理屈で認めてゆく判決の構造にも大いに問題があると思うのです。

本庄　今日は貴重な話をいろいろうかがって勉強になりました。交通事故についていつも思っていることがあります。交通事故事件では過失の存否が問題になりますが、一応、理論的には、過失で求められる予見可能性は、具体的な予見可能性でなければいけないと言われています。この一般論に反対する人はあまりいません。

　ところが、個別の事案になると、非常に抽象的な可能性で過失を認めていく傾向があると思います。今日の話には出ませんでしたが、彦坂さんの事案では、道路に人が横になっていたのが見えたはずだという、すごく抽象的・一般的な予見可能性をとっているのではないか。具体的な状況を前提として見えたと認定しているのだろうかという疑問です。そういうルーズな認定が起きがちなのが交通事故事件の難しいところだと思います。

　話はだいぶ変わりますが、危険運転致死傷罪では「殺人に等しいじゃないか」とよく言われます。心情としてはわからないではありませんが、人を殺傷する意思がないことは間違いありません。そこを無視してというか、乗り越えて、殺人や傷害致死と同じように考えるのは非常におかしいと思います。

　そういう意味では、この2つの問題は、刑事裁判の中で責任主義をきちんと維持していくうえでの試金石になっていると思います。これからは、実践を通じて責任主義をきちんと維持していくことが必要になってくると強く感じました。

赤坂　今日は皆さんから勇気をもらいました。立証責任の事実上の転換や有罪の推定に立ち向かい、現場で頑張っていこうと思います。

永井　非常にためになる話をお聞かせいただきました。日頃いろいろ考えていたことも、少し整理できたように思います。

　裁判官生活の中で刑事裁判とは何かをいつも問われていましたが、日本の刑事

裁判は、基本的に一種の「信頼の原則」に発しています。「費用と手間暇をかけて優秀な警察官や検察官が捜査して起訴している。それなりに証拠があり、間違いはおそらくないはずだ」という見方をベースにしている。しかし、発生した個々の事件を通して見ると、警察も検察も簡単に信用できない。個々の事件における不信というか、無罪の発見というか、そういうことを考えると、この両者の間の大きなギャップをどう埋めるかが今問われていると思います。

　鍵を握るのは弁護士だと思います。ためにする弁護主張ではなくて、裁判官に「もしかしたら無罪か」と思わせる。弁護士がまじめに取り組んで、真摯に被告人と向き合って無罪主張をする。今までそれが足りなかったのではないか。それが明確にあれば「弁護人がこれだけ争っているのだから、腹を据えて考えなければいけないか」ということになると思うのです。

　裁判官をやっていたときにも、そういう弁護活動が展開されれば、刑事裁判はもう少し真実に近づくのではないかと思っていました。法曹三者のどこがどう麻痺しているのかよくわからないけれど、少しずつ変わってゆく、個々の事件とまじめに付き合っていく姿勢が非常に重要ではないかと思います。

高山　今日の皆さんのいろいろなご報告、ご発言は、交通事件に限らず、刑事事件に関わっている全国の多くの弁護士を励ますものだと思います。皆さんがどこかで一筋の光を見つけるきっかけにしていただければこんなにうれしいことはありません。弁護士は経験を自分の中にため込む傾向がありますけれども、多くの方々に披歴し、さらに活用してもらうという視点も大事なことです。その力をいただいたことを心から感謝します。ありがとうございました。

学会諸団体の紹介

刑事交通事件の弁護活動では自然科学各分野の専門知識が武器になり、弁護人はその知見を用いて攻防戦の優位に立つ。知見の入手ルートの確保は弁護活動における第一歩の取組みになる。その観点に立って自然科学分野の主な学会を紹介する(順不同)。

日本交通法学会 www.ja-tl.jp

実効性ある事故防止策と適正な人身事故補償の早急完全な実施を最重要課題とし、交通の円滑・健全化、交通災害・交通公害の絶滅、被害者の完全な救済をめざす。
創立年:昭和45(1970)年
事務局所在地:東京都千代田区霞が関1-1-3 弁護士会館14階
電話:03-3581-4724
機関誌:交通法研究

日本交通科学学会 jcts.umin.ne.jp

道路工学・道路行政の専門家と外傷・救急医学の専門医との対話・検討などを通じ、医学・交通工学等の研究者・実務者が、学際的な交通安全の研究・調査ならびに広報活動を展開し、交通事故の被害者救護と事故発生の予防をめざす。
創立年:昭和37年(1962)年
事務局所在地:東京都中野区中野2-2-3 株式会社 へるす出版事業部内
電話:03-3384-8058
機関誌:日本交通科学学会誌

国際交通安全学会 www.iatss.or.jp

人間、機械および環境の有機的結びつきの実態を解明し、望ましい道路交通のあり方を探求するため、交通およびその安全に関する重点的かつ速やかな調査研究等を行う。
創立年:昭和49(1974)年
事務局所在地:東京都中央区八重洲2-6-20 ホンダ八重洲ビル3階

電話：03-3273-7884
機関誌：IATSS Review

日本交通心理学会 www.jatp-web.jp

交通諸問題について、心理学を中心とし近接科学を含めた研究を行い、理論の前進とその成果の実践・啓発活動を通じて、交通事故の抑止と良き交通環境の建設を目的とする。
創立年：昭和50(1975)年
事務局所在地：東京都新宿区四谷4-32-8 YKBサニービル
FAX：03-3351-5120
機関誌：交通心理学研究

日本機械学会（交通物流部門） www.jsme.or.jp/tld/home/index.html

日本機械学会内で、交通・物流関連のシステムと機械を総合的に扱う部門として、①自動車、鉄道など（業界・ハード別）、②交通システム、物流システム、情報システムなど（システム別）③材料・新素材、流体・空気力学、熱・エネルギーなど（基礎学問別）、④知能化・自律化、アメニティ・人間工学など（設計目的別）を扱う。
創立年：平成3(1991)年
事務局所在地：東京都新宿区信濃町35番地 信濃町煉瓦館5階
電話：03-5360-3500（日本機械学会）
機関誌名：日本機械学会学術誌（日本機械学会）

土木学会 www.jsce.or.jp

土木工学の進歩および土木事業の発達ならびに土木技術者の資質向上を図り、学術文化の進展と社会の発展に寄与することを目的とする。
創立年：大正3(1914)年
事務局所在地：東京都新宿区四谷1丁目 外濠公園内
電話：03-3355-3441
機関誌：土木学会誌

交通工学研究会 www.jste.or.jp

道路交通に関する社会の要請に応え、信号制御、道路幾何構造、交通容量、交通規制などの伝統的交通工学の分野のみならず、TDM、公共交通、ネットワーク信頼性、自転車・歩行者、バリアフリーなどの研究を行い、道路交通の安全と円滑化を目的とする。
創立年：昭和41(1966)年
事務局所在地：東京都千代田区神田錦町3-23 錦町MKビル5階
電話：050-5507-7153、03-6410-8717
機関誌：交通工学

法と心理学会 jslp.jp

法学と心理学の学際的な研究交流と研究活動の組織化を目指し、目撃や自白における心理学的メカニズムや分析方法の確立、法と心理学における基礎的な研究などにも取り組む。
創立年：平成12(2000)年
事務局所在地：兵庫県神戸市東灘区岡本8-9-1 甲南大学法学部 笹倉香奈研究室内
電話：078-435-2433
機関誌：法と心理

日本交通医学会 jatm.umin.jp

交通に関する災害医学、予防医学および医事衛生の研究を助成し、併せて進歩普及を図ることを目的とする。
創立年：大正3(1914)年
事務局所在地：東京都港区新橋6-7-9 新橋アイランドビル3階
電話：03-5405-1816
機関誌：交通医学

日本外科学会 www.jssoc.or.jp

外科学に関する学術団体との研究連絡、知識の交換、提携の場となることを通して、

専門医制度、医療安全、National Clinical Database (NCD)、外科医労働環境改善、外科臨床研究支援制度の新設など、外科学の進歩普及に貢献するための事業を行うことを目的とする。
創立年：明治32(1899)年
事務局所在地：東京都港区浜松町2-4-1 世界貿易センタービル8階
電話：03-5733-4094
機関誌：(邦文)日本外科学会雑誌、(英文)Surgery Today

日本外傷学会 www.jast-hp.org

外傷学(Traumatology)に関する情報の収集、提供、および交換を行うことを通じて、外傷学ならびに関連分野の進歩、発展に貢献する。交通事故などによる外傷患者の診療には救急医療としての迅速な対応と多岐にわたる外科系技術の集学的な関与を必要とするため、外傷診療体制および研究についての課題を克服して外傷診療の質を保証することをめざす。
創立年：昭和61(1986)年
事務局所在地：東京都新宿区大久保2-4-12 新宿ラムダックスビル
電話：03-5291-6259
機関誌：日本外傷学会雑誌

日本整形外科学会 www.joa.or.jp/jp/index.html

整形外科学および運動器学に関する研究発表、連絡、提携および研究の促進を図り、国民の健康、疾病の予防、スポーツ医学等を通じた国民の心身の健全な発達、障害者の支援、高齢者の福祉の増進および公衆衛生の向上に寄与し、整形外科学を進歩普及させ、学術文化の発展をめざす。
創立年：大正15(1926)年
事務局所在地：東京都文京区本郷2-40-8 THビル2・3・4階
電話：03-3816-3671
機関誌：日本整形外科学会雑誌

日本救急医学会 www.jaam.jp/index.htm

臨床医学系の学術団体。急性病態を背景とする患者の広範な問題に取り組む。急性疾患の病態生理学的検討を行い、救急外来での初期診療から院内での集中治療や急性期の根本的治療を検討の対象とする。

創立年：昭和48(1973)年
事務局所在地：東京都文京区本郷 3-3-12 ケイズビルディング3階
電話：03-5840-9870
機関誌：(邦文)日本救急医学会雑誌、(英文)Acute Medicine & Surgery

日本運動器看護学会 jsmn.jp

急性期の整形外科看護として、慢性期や在宅など脳神経や神経内科、リハビリテーション関連など、さまざまな状況にある運動機能に障害のある人や家族の看護に関し、運動器看護分野の発展と臨床看護実践の質向上をめざす。

創立年：平成23(2011)年
事務局所在地：東京都文京区本郷4-1-5 石渡ビル5階 株式会社アクセライト内
電話：03-6801-8103
機関誌：日本運動器看護学会誌

日本産業・労働・交通眼科学会 square.umin.ac.jp/EOSJ/

産業、労働、交通における眼の災害予防・安全衛生を主なテーマとし、加えて、視環境の向上、視覚の生理・病態などに関する総合的および学際的研究を推進し、とくに、自動車運転や労働災害に関連する視覚研究により、医学および社会の発展に寄与することを目的とする。

創立年：昭和37(1962)年
事務局所在地：東京都品川区旗の台1-5-8 昭和大学眼科学講座
電話：03-3784-8553
機関誌：日本産業・労働・交通眼科学会予稿集

文献紹介

現在では絶版のものもあるが、新旧問わず、交通事件弁護にあたり有用な書籍を紹介する（学会機関誌類は除く）。

●上山勝『交通事故の実証的再現手法――事故調査と再現』（技術書院、1992年）

科学警察研究所研究室長の編著書。鑑定解析事例を挙げ、現場見分のための基本的な知識を解説する。交通警察官のための指導書だが、法律家にも役立つ。
事故再現と裁判（事故再現・調査の基本／実況見分と鑑定／裁判事例）／鑑定解析事例（衝突速度の推定／衝突挙動／運転車の特定）／現場見分のための基本的な事項（スキッドマークの見方／ブレーキ故障の見方／ステレオカメラの利用）

●江守一郎『〔新版〕自動車事故工学――事故再現の手法』（技術書院、1993年）

わが国の交通事故工学分析の第一人者、故・江守一郎成蹊大学名誉教授の自動車事故工学テキスト。長く米国に滞在して、ゼネラルモーターズ社では技師を務め、カリフォルニア大学では研究者としての経験を積み、帰国後に自動車事故工学のテキストを著した。本書はその改訂版である。
自動車事故工学とは／自動車事故再現の目的／事故における人間の特性／自動車の性能／タイヤのスリップとハイドロプレーニング／自動車事故の解析／衝突時における乗員の運動／自動車衝突の実験／事故の調査と記録／事故再現の実例

●古村節男『酔いの科学』（共和書院、1994年）

飲酒と運転をめぐる初歩的な解説書。「酔い」に関する数少ない科学分析書である。同書中の「酔いの科学」の章部分（執筆者：藤宮龍也）は以下のとおり。
お酒は薬／血中アルコール濃度と酔いかげん／アルコールの行方／お酒で悩まないために／お酒で苦しまないために／酔いの作法／アルコールと臓器

●日本弁護士連合会人権擁護委員会『分析交通事故事件』（日本評論社、1994年）

交通事故事件の弁護マニュアルの指導書。交通事故に関する基本的な知識を踏まえ

て調査方法を解説し、事故解析や尋問の方法を論じる。また、具体的な事件を挙げて実践的な学習を追求する。
交通事故事件弁護マニュアル／交通事故解明の基礎知識／必要な資料の入手方法／現場や車両の調査方法／分析的書面の検討の方法／分析者に対する反対尋問の方法／効果的な反撃のための知識／ケーススタディ交通事故事件

◉交通法科学研究会『科学的交通事故調査——実況見分調書の虚と実』(日本評論社、2001年)

疑似事故を発生させその目撃証言を分析し、人の目撃証言の特性や傾向を把握する。あるべき実況見分を考察した分析報告書。目撃証言は目撃者の状況や条件を反映して多様化することがわかる。
実況見分調書のどこが問題か(実況見分調書の意義と各ケースをみる視点)／交通事故調査の体験的分析—フィールドワーク(本実験の趣旨および概要／実験結果分析について)

◉アルコール保健指導マニュアル研究会『健康日本21推進のためのアルコール保健指導マニュアル』(社会保険研究所、2003年)

厚生労働省研究会の検討に基づいて執筆されたアルコール保健指導に関する文献。アルコールと飲酒実態に関する情報を集め、飲酒階層を分析し、保健指導の在り方を実証的に追求する。
アルコールに関する正しい知識／飲酒の実態とアルコール関連問題／新しい飲酒層とその問題／節度ある適度な飲酒／保健指導／アルコール依存症の再発予防／飲酒者の家族への援助と介入

◉上山勝『考える交通事故捜査——現場でできる科学的な捜査とは』(技術書院、2003年)

同上著者(執筆時は科学警察研究所附属鑑定所長)の著書。これも交通警察官のための指導書だが、法律家にも有用。
科学的な交通事故捜査とは／間違いのない未完成品としての事故捜査／先入観の排除／実況見分の検索ファイル(衝突地点の検討／運転者の特定)／実況見分の実例

●**交通法科学研究会『危険運転致死傷罪の総合的研究――重罰化立法の検証』**(日本評論社、2005年)

危険運転致死傷罪登場の意味と背景を考察し、関連する刑事法上の諸問題を分析する。また、危険運転致死傷罪に関わる刑事政策や交通政策上の諸課題を検討する。危険運転致死傷罪のトータルな研究書。

総論(道路交通政策／被害者／社会学的考察／刑法改正／弁護経験)／刑法・刑事訴訟法上の諸問題(解釈／危険概念／主観的要件／捜査手続)／刑事政策・交通政策上の課題(量刑／処遇／交通統計／再発防止／厳罰化と非犯罪化)

●**社団法人交通工学研究会『〔改訂〕交通信号の手引き』**(丸善株式会社、2006年)

信号制御の方式などの解説書。事故発生時の表示信号をめぐる争いが多い中で、信号制御の科学に関する知識が必要なケースが増えている。

信号制御の基本的事項／信号制御の設計／信号制御の方式／信号制御器の種類と設置／信号制御の運用と改善

●**牧下寛『安全運転の科学』**(九州大学出版会、2006年)

さまざまな運転者の運転行動に表われた特性を科学的、実証的に分析した専門書。

認知・判断の遅れ／違反と事故／運転者の身体能力・心理特性と違反・事故の関係／緊急時の制動行動／反応時間／車間距離の個人特性／距離感

●**高山俊吉『交通事故事件弁護学入門』**(日本評論社、2008年)

交通事故事件の弁護活動の手引書。交通事故事件に登場する力学の初歩的知識を説明し、捜査側の科学立証に対応する素養と心構えを説く。事例研究を通して実践的知見を得る。

調査と資料収集／用具の活用／弁護活動の現場／対決鑑定の科学的批判／力学の基礎知識／事例研究－転回中に対向走行車両と衝突した事例／事例研究－側方走行車両との接触が疑われた事例

●**牧野隆『捜査官のための交通事故解析〔第2版〕』**(立花書房、2010年)

捜査官に向けた基礎的な説明書。交通事故に関わる警察官の多くが本書を参考にしている。その前提知識をもって弁護活動を進めると役立つ場合がある。交通事故解析用CD-ROM付き。

事故現場／制動距離／停止距離／加速・旋回・速度変化／衝突速度／車体変形量と衝突速度／タコグラフ

●**交通実務研究会『図解 交通資料集〔第 3 版〕』**(立花書房、2011年)
交通事故事件に多く登場する基本的なデータや部品の名称などの説明のほか、関連の諸資料を豊富に収録する。交通事故事件処理にあたる一線の警察官向けの手引書だが、法律家にも有用。
走行・制動関係／衝突関係／飲酒関係／人体・車両各部の名称／交通事故処理関係／交通事故処理ポイント／交通統計／その他の資料／交通事故調査／自動車の安全装置／むちうち症

GENJIN刑事弁護シリーズ17

挑戦する交通事件弁護

2016年4月25日　第1版第1刷発行

編　者　高山俊吉・永井崇志・赤坂裕志
発行人　成澤壽信
編集人　西村吉世江
発行所　株式会社 現代人文社
　　　　〒160-0004 東京都新宿区四谷2-10 八ッ橋ビル7階
　　　　電話: 03-5379-0307　FAX: 03-5379-5388
　　　　Eメール: henshu@genjin.jp（編集）hanbai@genjin.jp（販売）
　　　　Web: www.genjin.jp
　　　　振替: 00130-3-52366
発売所　株式会社 大学図書
印刷所　株式会社 平河工業社
装　幀　Malpu Design（清水良洋）

検印省略　Printed in JAPAN
ISBN978-4-87798-627-8 C2032

本書の一部あるいは全部を無断で複写・転載・転訳載などをすること、または磁気媒体等に入力することは、法律で認められた場合を除き、著者および出版者の権利の侵害となりますので、これらの行為をする場合には、あらかじめ小社または編者に承諾を求めてください。
乱丁本・落丁本はお取り換えいたします。

GENJIN刑事弁護シリーズ⑯
責任能力弁護の手引き

日本弁護士連合会刑事弁護センター[編]

精神科医と協力して、責任能力の基本を押さえ、
実例を通して裁判員裁判の弁護活動のポイントを解説。

第1章　責任能力弁護の課題　　　第5章　公判前整理手続の弁護活動
第2章　責任能力の意義　　　　　第6章　私的鑑定の活用
第3章　司法研究の問題点　　　　第7章　公判段階の弁護活動
第4章　捜査段階の弁護活動　　　第8章　量刑が問題となる場合の留意点

【精神科医・カウンセラーと弁護人との協働】
①精神科医の立場から　　私的精神鑑定の意義と限界
②臨床心理士の立場から　臨床心理士が私的鑑定に関わる意義
③産業カウンセラーの立場から　DV関連の刑事裁判の現状と課題

【コラム】精神障害者の不処罰規定の歴史／「脳」の病気と「心」の病気／医療観察法／パーソナリティ障害は「精神の障害」か／「手引き」と「7つの着眼点」／責任能力判断の8段階構造／不可知論と可知論／動機の了解可能性／抗うつ剤の副作用にも注意／ビンダーの酩酊分類／発達障害／評議において裁判例を示すことの当否／接見での対応／精神障害に気付くポイント／弁面調書の活用／鑑定受託者に接触すべきか／知的障害者の釈放後の支援等／鑑定入院命令を争う方法／事前カンファレンスの当否／心神耗弱を主張すべきか／訴訟能力の意義／公判停止が認められた後の活動／「7つの着眼点」を論じることの当否

【資料】平成19年度司法研究『難解な法律概念と裁判員裁判』(抜粋)／手引き(抜粋)／参考文献

【参考書式】収集証拠一覧表／照会申出書(留置簿冊)／照会申出書(指導要録)／照会申出書(ケース記録)／記録の取寄せ請求書(社会記録)／公務所照会請求書(110番通報)／公務所照会請求書(診療録)／証拠開示請求書(類型証拠開示)／予定主張(簡単なもの)／予定主張(詳細なもの)／鑑定請求書(簡単なもの)／鑑定請求書(詳細なもの)

定価3,024円(税込)　A5判・232頁・並製　ISBN978-4-87798-606-3 C2032　2015年2月刊